Étienne Dumont



# Tactique

## des assemblées législatives

suivie

d'un Traité des sophismes politiques

*Ouvrage extrait des manuscrits de M. Jérémie Bentham*

*Tome I*

Elibron Classics
www.elibron.com

Elibron Classics series.



ISBN 0-543-70636-2 (paperback)
ISBN 0-543-70635-4 (hardcover)

This Elibron Classics Replica Edition is an unabridged facsimile of the edition published in 1816 by J. J. Paschoud, Genève.

# TACTIQUE

DES

# ASSEMBLÉES LÉGISLATIVES.

I.

*OUVRAGES PUBLIÉS PAR LE MÊME ÉDITEUR d'après les Manuscrits de M. Bentham,*

*Qui se trouvent chez J. J. PASCHOUD, imp.-Libraire, à Genève.*

TRAITÉS DE LÉGISLATION CIVILE ET PÉNALE, précédés de principes généraux de Législation et d'une Vue d'un Corps complet de Droit: terminés par un Essai sur l'influence des temps et des lieux, relativement aux lois. 3 vol. in-8. A Paris, chez Bossange, Masson et Besson. 1802.

THÉORIE DES PEINES ET DES RÉCOMPENSES. 2 vol. in-8. A Londres, chez Dulau. 1811.

# TACTIQUE

DES

# ASSEMBLÉES LÉGISLATIVES,

SUIVIE

# D'UN TRAITÉ

## DES SOPHISMES POLITIQUES;

Ouvrage extrait des Manuscrits

DE M. JÉRÉMIE BENTHAM, JURISCONSULTE ANGLOIS,

PAR ÉT. DUMONT, Membre du Conseil Représentatif du Canton de Genève.

ARS OBSTETRIX ANIMORUM.

TOME I.

GENÈVE,

J. J. PASCHOUD, Imprimeur-Libraire.

PARIS,

LIBRAIRIE DU MÊME, rue Mazarine, n.° 22.

1816.

# DISCOURS PRÉLIMINAIRE
## DE L'ÉDITEUR.

Dès que le titre de cet ouvrage a été connu, il a trouvé des censeurs et des approbateurs. Le mot *Tactique*, me disoient les uns, est pris en mauvaise part; il implique quelque chose d'insidieux : on croira que vous enseignez l'art de manœuvrer dans une Assemblée politique, de la séduire ou de la faire servir aux vues d'un homme et d'un parti. — Conservez ce mot, me disoient les autres, puisque, dans son vrai sens, il exprime exactement ce que vous voulez dire. Son acception vulgaire ne doit pas vous faire peur. Elle piquera la curiosité d'un certain nombre de lecteurs qui croiront trouver le pendant du *Prince* de Machiavel.

J'ai conservé le titre, mais ce n'est pas pour attirer ceux qui chercheroient ici l'art des stratagèmes politiques dans les Assemblées. Je les avertis que rien n'est plus contraire au but de cet ouvrage. La Tactique, prise dans leur sens, seroit l'art de former et de conduire un parti, d'employer habilement des moyens de corruption, de surprendre l'Assemblée par des propositions imprévues, de la mettre sous l'empire de la peur quand on veut emporter quelque chose d'assaut, de donner à ses antagonistes des couleurs odieuses par des imputations mensongères, de les entraîner à des excès pour profiter de leurs fautes, de ménager des diversions adroites quand on ne se sent pas les plus forts, de paroître disputer un point pour en obtenir un autre, et d'arriver à son but avec une parfaite indifférence sur le choix des moyens. C'est un composé de sophisme, de corruption, de violence et de fraude. Une pareille Tactique est à celle-ci ce que les poisons sont aux aliments.

Cet ouvrage doit être utile à tous les Gouvernements, même aux plus absolus, puisqu'il n'en est aucun où il n'y ait des Corps, des Conseils, des Compagnies qui s'assemblent pour former des résolutions et qui, par conséquent, ont besoin de connoître l'art de délibérer. Mais il est principalement destiné aux États mixtes ou républicains qui ont des Conseils représentatifs. C'est là surtout qu'il importe d'étudier l'art de conduire les opérations d'une nombreuse Assemblée.

Le Règlement interne d'une Assemblée politique est une branche de la législation, et même une branche essentielle. Jusqu'à présent, aucun écrivain politique ne s'en est expressément occupé. Ainsi, ce sujet est tout à-la-fois très-ancien et très-nouveau ; très-ancien pour la pratique, très-nouveau pour la théorie : si nouveau même à cet égard, qu'elle n'a point encore reçu de dénomination spéciale, et qu'il a fallu créer une expression pour la désigner.

Si cette branche de législation a été négligée, c'est qu'on n'a point connu son importance. On n'a pas assez compris quelle influence le mode adopté pour les opérations d'une Assemblée devoit exercer sur ces opérations mêmes. *Ce sont des formes*, a-t-on dit, et, pour les esprits superficiels, ce mot *forme* rabaisse aussitôt la dignité de l'objet. Des formes sont des minuties ou des pédanteries. Qui voit en grand, méprise les formes.

Si nous pouvions tracer exactement l'histoire de plusieurs Corps politiques, nous verrions que tel s'est conservé, tel autre s'est détruit par la seule différence de leurs modes de délibérer et d'agir.

Assurer la liberté de tous les Membres, protéger la minorité, disposer les questions qu'on traite dans un ordre convenable, produire une discussion méthodique, arriver, en dernier résultat, à l'expression fidelle de la volonté générale, persévérer dans ses entreprises, voilà les conditions nécessaires pour le maintien d'une Assemblée politique. Il faut qu'elle se préserve sans cesse de trois grands maux qui l'assiègent dans tout le cours de sa durée, la précipitation, la violence et la fraude. Deux grands ennemis sont toujours à ses portes, l'*Oligarchie,* par laquelle le petit nombre domine le vœu de la majorité, et l'*Anarchie,* dans laquelle chacun, jaloux de son indépendance, s'oppose à la formation d'un vœu général. Environnée de tous ces dangers, quels sont ses moyens de défense? Elle n'en a pas d'autre que son système interne, qui ne peut la sauver qu'autant qu'il impose habituellement au Corps entier la nécessité de la modération, de la réflexion et de la persévérance.

Si les anciens États-Généraux de France ont été si foibles et si impuissants, c'est qu'ils n'ont jamais su se donner une bonne discipline, une bonne forme de délibération, et qu'en conséquence, ils n'ont jamais pu parvenir à former une véritable volonté générale. A chaque nouveau rassemblement, les différents Ordres avoient tout à recommencer sur leurs prétentions opposées. Avec les meilleures intentions, leur désordre intérieur les auroit rendus incapables d'agir. C'étoit plutôt une cohue qu'un Corps politique ; et leur véritable caractère peut s'exprimer en deux mots : — fougue pour le présent, et imprévoyance pour l'avenir. Sans une bonne discipline, le patriotisme a aussi peu de chance dans une Assemblée nombreuse, que la valeur sur un champ de bataille. Le courage suffit pour remporter un avantage momentané, mais il faut bien d'autres qualités pour s'assurer des succès permanents.

Le Parlement d'Angleterre, moins puissant dans son origine que les États-Généraux, mais plus régulier dans son institution, a su se maintenir au milieu des orages et sous les Princes les plus despotiques.

Ce système ne s'est pas trouvé dans les bois, comme le dit Montesquieu. Il ne s'est pas formé tout d'un coup. Il a été le fruit de l'expérience. Il s'est perfectionné dans toutes les tentatives qu'on a faites pour le détruire.

Entre tant d'écrivains qui ont rendu compte de la Constitution Britannique et qui ne demandoient qu'à la vanter, il est étonnant qu'aucun d'eux n'ait pris pour sujet de ses éloges une de ses parties les moins connues et les plus estimables, le régime interne du Parlement, les règles auxquelles il s'est assujetti dans l'exercice de ses pouvoirs. Cependant ces formes ont eu la plus grande influence sur le maintien et l'accroissement de la liberté nationale. L'arbre entier, dans son développement, a frappé tous les regards; mais l'attention ne s'est point portée sur sa première culture dans l'enclos qui a servi à protéger sa foiblesse, jusqu'à ce qu'il eût jeté des racines assez profondes pour résister aux tempêtes.

Ce système de police interne n'est point renfermé dans un Code écrit. C'est une simple coutume qui s'est formée par l'usage, qui s'est conservée par tradition, et qui, depuis près d'un siècle, a très-peu varié.

L'ouvrage de M. Bentham est calqué en grande partie sur ce modèle. Il a observé ce qui se pratiquoit dans le Parlement d'Angleterre, et il en a déduit une théorie. Ce n'est donc pas ici un travail où l'invention ait eu beaucoup de part ; mais moins il y a d'invention, plus il y a de sûreté. C'est une assez belle réponse à ceux qui ont accusé cet auteur de trop de penchant à l'innovation. Dès qu'il a trouvé un système établi qui répond pleinement au but, il en a fait la base de son travail avec autant de plaisir et plus de confiance que s'il en eût été l'inventeur.

Il est vrai toutefois qu'il s'est écarté, dans certains cas, de la méthode angloise : elle ne lui a pas toujours paru la meilleure possible, et surtout pour une Assemblée de création nouvelle. Pour transplanter un système entier avec succès, il faudroit transplanter en même temps beaucoup d'accessoires, et surtout des habitudes, qui servent de correctif à des imperfections. Il est tel usage, par exemple, qui ne produit pas des inconvénients sensibles en Angleterre, parce qu'il s'est formé une routine qui apprend à les éviter, ou qui les réduit presque à rien. Transportez le même usage dans une autre Assemblée dont la Constitution n'est pas la même ou qui est encore novice, vous aurez tout le mal de l'inconvénient sans connoître les moyens d'y remédier.

Combien n'évite-t-on pas de difficultés dans le Parlement Britannique par la réunion des Membres sous les bannières de deux partis! Cette division de l'Assemblée en partis est elle-même sujette à de grands inconvénients; mais il est incontestable qu'elle donne aux affaires une marche plus facile et qu'elle prévient une multitude de propositions discordantes. Les Chefs des deux partis deviennent des surveillants plus actifs, qui s'observent mutuellement, qui mettent de la persévérance dans les mesures, et combinent les moyens de succès. Sous ce point de vue, l'absence habituelle des cinq sixièmes de l'Assemblée cesse d'être un mal. On les appelle quand on les juge nécessaires. Les conducteurs sont en sentinelle; les autres sont à leurs affaires ou à leurs plaisirs.

Mais dans une Assemblée qui n'auroit pas ces étendards de partis, il seroit bien à craindre qu'il n'y eût pas de suite et de régularité dans ses opérations : tantôt l'activité du grand nombre seroit nuisible par la confusion qu'elle apporteroit dans les travaux, tantôt le défaut de concert feroit avorter les meilleures mesures, ou donneroit lieu à des surprises funestes. Il faut donc que le Règlement fait pour une Assemblée novice prévoie beaucoup de difficultés qui ne se présentent jamais dans une vieille Assemblée.

Rien ne seroit plus mal jugé que d'attendre tous les effets salutaires du régime anglois de la seule adoption de ce régime. En politique, imitation n'est pas toujours ressemblance. Cette conformation extérieure de Gouvernement ne constitue qu'une machine qui ressemble aux yeux, et à laquelle manque le principe interne de vie.

Ceux qui parlent de la prospérité de l'Angleterre pour la proposer comme un modèle universel, raisonnent très-mal. Ils supposent qu'elle n'auroit pas pu prospérer au même point sous un régime différent à mille égards; mais ils le supposent sans preuve. Pour tirer une conclusion légitime, il faut montrer qu'il existe une liaison nécessaire entre tel ou tel point de ce régime et la prospérité du pays. Hors de là, tout ce style d'admiration, si commun et si facile, n'est qu'une déclamation frivole et même nuisible. Ce ton d'enthousiasme et ces louanges absolues ne font que de mauvaises têtes et ne conduisent qu'à de mauvaises imitations.

Je dois ajouter ici que dans le petit nombre de cas où on désapprouve la pratique angloise, on est bien loin de conclure qu'il convînt aux Anglois de la changer.

Quand les choses ont pris une certaine routine, il sera plus convenable, en général, de la suivre que de la changer pour d'autres usages qui seroient préférables si on avoit à commencer. Mais quand tous les systèmes sont également nouveaux, il seroit absurde de ne pas choisir le meilleur.

Après ces observations générales, il me reste à rendre compte de l'occasion pour laquelle cet ouvrage avoit été entrepris, de l'état des manuscrits sur lesquels j'ai travaillé, et du mode particulier de mon travail.

Le premier dessein de ce Traité fut suggéré par les *procès-verbaux des Assemblées provinciales.* Les nombreuses questions qui s'élevèrent sur leur police intérieure, et les embarras qui se manifestèrent dans leurs délibérations, conduisirent M.r Bentham à méditer sur les principes de cet art. Il avoit commencé son travail à l'époque de la seconde convocation des Notables; il espéroit l'achever avant l'ouverture des États-Généraux, et se proposoit de leur en faire l'offrande; « je rejeterois avec horreur l'imputation » de patriotisme, » dit-il dans un projet de dédicace, « si, pour être l'ami de mon » pays, il falloit être l'ennemi du genre » humain. Les intérêts permanents de tous » les peuples sont les mêmes. Je fais du » bien à ma patrie si je puis contribuer à

» donner à la France une constitution
» plus libre et plus heureuse. »

Les États-Généraux étoient assemblés, et l'ouvrage de M.r Bentham étoit encore loin d'être fini. Mais s'il l'avoit été, je ne sais quelle influence il auroit obtenue contre la jalousie de corps et la jalousie nationale. Une circonstance dont je fus témoin me fait présumer qu'il en auroit eu très-peu. L'Assemblée Nationale ayant reconnu par expérience l'impossibilité de marcher avec les vieilles formes, et la nécessité de se donner un règlement de police, chargea un Comité de rédiger à la hâte cette législation qui devoit régler les procédés des législateurs eux-mêmes.

Le Comte de Mirabeau présenta à ce Comité un mémoire qu'on lui avoit envoyé de Londres. C'étoit un simple narré des faits, un simple exposé des formes suivies par le Parlement Britannique, sur la manière de proposer les motions, de les amender, de délibérer, de recueillir les votes, de créer des Comités, etc. etc.

Ce mémoire fut admis sur le bureau, mais un des Membres, croyant l'honneur national blessé par cette instruction étrangère, répondit à M.r de Mirabeau : *Nous ne voulons rien des Anglois, nous ne devons imiter personne.*

L'Assemblée Nationale n'eut jamais qu'une discipline irrégulière et informe. Son règlement étoit défectueux à mille égards. Tous ses Comités travailloient séparément sur des objets qui auroient exigé le plus parfait concert. Elle ne sut point se mettre à l'abri des surprises et de la précipitation. Il sembloit même que dans cette guerre tumultueuse de motions, on étoit jaloux de se réserver les victoires d'assaut et les coups de main nocturnes. La fatale nuit du 4 Août en fournit la preuve. En un mot, tout se décidoit par une tactique bien différente de celle dont M.r Bentham avoit tracé les règles. L'ascendant anarchique des galeries et du palais royal fut soigneusement conservé pour faire plier la majorité de l'Assemblée sous le voeu d'une faction.

Entre les journaux de cette époque, l'un des plus connus, *le Courrier de Provence*, publié sous le nom de Mirabeau, quoiqu'il n'y eût aucune part, fut le seul dans lequel on prit à tâche de combattre les erreurs du régime de l'Assemblée, de lui faire sentir les vices de son règlement, et les inconvénients qui en résultoient chaque jour par l'immaturité des décisions, l'incohérence des décrets, le mauvais ordre des mesures, la rapidité à détruire avant qu'on eût pourvu aux moyens de remplacer. Ces observations déduites des faits, dans le moment même, et souvent répétées, furent toujours inutiles.

L'ouvrage de M.r Bentham, abandonné sans être fini dès qu'il ne vit plus l'occasion d'en faire un usage immédiat, n'étoit pas propre à une traduction. Non-seulement il est incomplet, mais, de plus, il paroîtroit suranné à plusieurs égards. Il étoit fait pour les circonstances. Le but qu'il se proposoit l'engageoit à entrer dans beaucoup de discussions critiques sur les vices des anciennes formes adoptées en France; cette controverse étoit nécessaire alors, elle seroit aujourd'hui sans utilité et sans intérêt.

La méthode qu'il avoit prise n'étoit pas certainement celle qu'on voudroit choisir pour l'agrément du lecteur, quelque instructive qu'elle soit. Cette méthode consiste à présenter un règlement tout fait, article par article, en forme de loi, en accompagnant chaque règle des raisons qui la justifient. Le texte de la loi qu'on a toujours devant les yeux pour l'expliquer, soumet l'écrivain au genre didactique le plus sévère, et ne lui permet pas le plus léger écart.

L'auteur s'étoit soumis à une gêne de plus, car il n'en craint aucune quand elle peut contribuer à l'instruction et à la clarté. Dans tout ce commentaire, il procède par questions et par réponses : méthode excellente pour établir précisément quelle est la difficulté à résoudre, et pour mettre le lecteur en état de juger si la solution est satisfaisante. Mais cette forme de catéchisme, outre ses longueurs, a l'inconvénient de couper tous les sujets en petites parties, et d'éteindre l'intérêt par le défaut de liaison.

Après bien des essais infructueux dont la sécheresse me rebutoit, j'ai pris le parti d'abandonner ces questions et ces réponses, et d'y substituer la marche unie du discours.

En accompagnant chaque règle de ses raisons justificatives, je ne me suis pas attaché à les énumérer par 1.°, 2.°, 3.° etc.: quand ces distinctions ne sont pas importantes, elles fatiguent la mémoire qui ne peut s'en charger; d'ailleurs il me semble que, sur la plupart des points, il n'y a qu'une raison essentielle qui frappe: on risque de l'affoiblir si on multiplie trop les considérations accessoires.

Accompagner chaque règle de ses raisons justificatives, c'est diminuer l'empire du hasard. Tout ce qui se fait de bon, sans qu'on puisse assigner le *pourquoi*, n'est bon que par hasard. Il n'y a que la raison connue d'un procédé qui puisse le soustraire au caprice, le fixer et le faire entrer dans le domaine de l'esprit humain, sous la sauve-garde de l'utilité.

Il faut convenir que l'on est souvent appelé à opter entre deux manières d'agir, sans trouver aucune raison bien forte de préférer l'une à l'autre : mais il y a mille points en législation sur lesquels il faut prendre un parti par pure nécessité. Dans ces cas où il faut se contenter d'une raison légère, on doit encore la tirer du bon principe, c'est-à-dire, d'un inconvénient à éviter. N'eût-on qu'un denier à offrir, il faut qu'il soit de bon alloi.

J'aurois bien désiré, à l'occasion de chaque règle, de présenter les divers usages des peuples qui ont eu des Assemblées délibérantes ; j'aurois voulu transporter les lecteurs à Athènes, à Rome, à Venise et dans les autres républiques d'Italie. Mais nos connoissances sur leurs formes internes sont très-défectueuses. Les historiens ont négligé ces détails, soit qu'ils ne les crussent pas nécessaires pour les contemporains qui en étoient instruits, soit plutôt parce qu'ils n'en soupçonnoient pas l'importance.

Ceux qui conduisoient les affaires n'ignoroient pas l'influence de ces formes, ni l'usage qu'on en pouvoit tirer pour la domination. Le Sénat de Rome s'en servoit avec le plus grand art pour maintenir son pouvoir et pour l'étendre. Mais tout ce qu'on a pu recueillir de sa pratique est bien loin de former un système complet; et il y a dans le mode législatif de la république romaine des obscurités que les plus savantes recherches n'ont pu éclaircir.

L'éloquent et profond auteur de l'histoire de l'*Anarchie de Pologne*, M.r Rhuliere, ne doit pas être compris dans le reproche que nous faisons ici aux historiens. En étudiant les malheurs de cette république singulière, où il n'a manqué ni de grandes vertus, ni de grands caractères, ni d'habiles patriotes qui avoient prévu la ruine de l'État et conçu les moyens de le sauver, ce sage historien a été conduit à reconnoître que le principe de tous les maux étoit dans les formes mêmes de la délibération, dans ces formes vicieuses, qui empêchoient la création d'un voeu commun, et qui, dans quelque État libre qu'on les eût transplantées, y auroient bientôt naturalisé l'anarchie.

# TABLE DES MATIÈRES

## contenues dans ce 1.er volume.

*Fin de la Table.*

# TACTIQUE

## DES ASSEMBLÉES POLITIQUES DÉLIBÉRANTES.

### CHAPITRE PREMIER.

#### *SUJET DE L'OUVRAGE.*

Le mot *Tactique*, emprunté du grec et rendu familier par son application à une branche de l'art militaire, signifie, en général, l'*art de mettre en ordre*. Il peut servir à désigner l'art de conduire les opérations d'un corps politique, aussi bien que l'art de diriger les évolutions d'une armée.

*Ordre* suppose *but*. La tactique des assemblées politiques est donc la science qui enseigne à les conduire vers le but de leur institution, au moyen de l'ordre à observer dans leurs démarches.

Dans cette branche de gouvernement, comme dans plusieurs autres, le but est, pour ainsi dire, de nature *négative*. Il s'agit d'éviter des inconvénients, de prévenir les difficultés qui doivent résulter d'une grande réunion d'hommes appelés à délibérer en commun. L'art du Législateur se borne à écarter ce qui pourroit nuire au développement de leur liberté et de leur intelligence.

Le bien ou le mal que peut faire une Assemblée dépend de deux causes générales. La plus palpable et la plus puissante est sa *composition;* l'autre est son *mode d'agir*. De ces deux causes, la dernière est la seule qui appartienne à notre sujet. La composition de l'assemblée, le nombre et la qualité de ses membres, le mode de son élection, ses relations avec les citoyens ou avec le gouvernement, tout cela est du ressort de la constitution politique.

Je me bornerai à dire sur ce grand objet, que la composition d'une assemblée législative sera d'autant meilleure, qu'elle aura plus de points de contact avec la nation, c'est-à-dire que son intérêt sera plus semblable à celui de la Communauté (1).

---

(1) Il y a quatre conditions requises pour inspirer à la nation une confiance permanente dans une assemblée, qui est censée la représenter. 1.° Une élection directe; 2.° l'amovibilité; 3.° certaines conditions pour être électeur ou éligible; 4.° un nombre proportionnel à

Dans un traité de tactique, on suppose une assemblée toute formée; on ne s'occupe que de la manière dont elle doit s'y prendre pour conduire ses opérations.

---

l'étendue du pays. C'est sur ces points que les questions de détail se multiplient.

L'élection doit être *directe.* Si elle passe par plusieurs degrés, le peuple, qui n'élit que des électeurs, ne peut point regarder les députés élus comme son ouvrage : il ne tient à eux ni par l'affection du choix, ni par le sentiment du pouvoir. Les élus ne tiennent au peuple ni par reconnoissance, ni par responsabilité. Il n'y a point de rapprochement entre des classes supérieures et inférieures, et le lien politique reste imparfait.

L'*amovibilité* est absolument nécessaire. Qu'est-ce qu'une élection? C'est une déclaration solennelle qu'un tel homme jouit actuellement de la confiance de ses commettants. Mais cette déclaration ne renferme pas une vertu miraculeuse qui garantisse le caractère et les actions futures de cet homme. Il est absurde de faire prononcer à tout un peuple cette grave ineptie : « Nous déclarons que ces cinq cents individus qui ont » notre confiance actuellement, l'auront également, » quoiqu'ils fassent, tout le reste de leur vie. »

Les *conditions* à exiger sont d'une nature plus douteuse. Les conditions pécuniaires pour être éligible semblent porter sur une défiance générale contre les individus qui n'ont pas à offrir le gage d'une propriété: on les considère comme étant moins attachés au main-

Mais il est des points sur lesquels on peut mettre en question s'ils appartiennent à la partie constitutionnelle ou à la Tactique : par exemple,

---

tien de l'ordre établi, ou moins à l'abri de la corruption. Les conditions requises pour être électeur ont pour objet de ne pas donner un pouvoir politique à ceux qu'on suppose incapables de s'en servir avec intelligence ou avec probité. C'est une précaution contre la vénalité, l'ignorance et la brigue.

Le *nombre* est une considération majeure. Les fonctions législatives demandent des qualités et des vertus qui ne sont pas communes : on n'a de chance de les trouver que dans une grande réunion d'individus.

La législation requiert une variété de connoissances locales qu'on ne peut obtenir que dans un corps nombreux de députés choisis dans toutes les parties de l'Empire. Il faut que tous les intérêts puissent être connus et discutés.

La législation n'est pas susceptible d'une responsabilité directe. Un petit *junto* de législateurs peuvent avoir des intérêts particuliers et faire des lois contre l'intérêt général. Il seroit aisé au pouvoir exécutif de les soumettre à son influence. Mais le *nombre* est un préservatif contre ce danger. Un corps nombreux de législateurs amovibles participe trop à l'intérêt de la communauté pour s'en écarter long-temps. Des lois oppressives retomberoient sur eux-mêmes. Les rivalités mêmes qui se forment dans une grande assemblée deviennent la sauve-garde du peuple.

Enfin, si le nombre des députés étoit trop petit, la

si tous les membres auront les mêmes droits, ou si ces droits seront répartis entr'eux, de manière que les uns aient celui de proposer, les autres celui de prononcer sur une proposition déjà faite : les uns celui de délibérer sans voter, les autres celui de voter sans délibérer ; — si leurs délibérations doivent être publiques ; — s'il doit leur être permis de s'absenter, et, en cas d'absence, si les droits d'un individu seront transmissibles à un autre ; — si l'assemblée doit toujours rester une, ou si elle doit être obligée ou autorisée à se subdiviser.

J'ai fait entrer ces questions dans mon sujet, parce qu'il m'a paru que leur examen était intimement lié avec celui des meilleures règles à suivre dans une délibération. Il n'est pas possible de bien traiter les unes sans se référer aux autres.

---

grandeur des districts électoraux rendroit les élections embarrassantes, et, réduisant presqu'à rien la valeur d'un suffrage, diminueroit proportionnellement l'autorité des électeurs sur leurs députés, en même temps qu'elle augmenteroit la valeur relative des places, au point d'exposer les élections aux intrigues et aux contestations les plus violentes.

## CHAPITRE II.

### NOTION DES CORPS POLITIQUES.

L'EXPRESSION figurée de *Corps politique* a produit un grand nombre d'idées fausses et bizarres. Uue analogie, uniquement fondée sur des métaphores, a servi de base à de prétendus arguments, et la poésie a envahi le domaine de la raison.

Une assemblée ou une collection d'individus, par cela seul qu'ils se trouvent reunis pour faire un acté commun, forme ce qu'à certains égards on peut appeler un *corps*.

Mais un corps ne suppose pas nécessairement *assemblée*, puisque plusieurs individus peuvent déclarer leur concours au même acte sans s'assembler; par exemple, en signant le même écrit. — Rien de plus commun en Angleterre que les *pétitions* adressées au Parlement par des centaines et des milliers d'individus qui les ont signées séparément, sans former aucune assemblée.

Tel corps a une existence permanente; tel autre n'en a qu'une occasionnelle et, pour ainsi dire, éphémère (le *jury* anglois).

Tel corps a une étendue illimitée, quant au nombre ; tel autre est circonscrit dans un nombre fixe.

Tel corps est privilégié ; tel autre ne l'est pas. Un corps privilégié est celui dont les membres, agissant ensemble d'après un certain régime, ont reçu des droits que les autres citoyens ne possèdent pas.

On entend généralement par *Corps politiques* des corps privilégiés, qui ont, à ce titre, une existence plus ou moins permanente, souvent perpétuelle, et un nombre circonscrit.

Tel corps est simple ; tel autre est composé. Le Parlement Britannique est un corps composé, qui se forme de deux assemblées distinctes et du Chef suprême de l'État.

On conçoit aisément que du sein d'un grand corps déjà formé, il peut se détacher momentanément des corps moins nombreux : c'est ce qu'on appelle *comités*.

Ce qui constitue un corps politique, c'est le *concours de plusieurs membres dans un même acte.* On voit par là que l'acte d'une assemblée ne peut être qu'un acte énonciatif, un acte qui énonce une *opinion* ou une *volonté.*

Tout acte d'une assemblée a dû commencer par être celui d'un seul individu : mais tout acte énonciatif, expression d'une opinion ou d'une volonté, commençant par un individu, peut finir par être celui d'un corps. « Voici, dit Titius, ce qui se passe dans mon esprit. » Sempronius peut également dire : « c'est là précisément ce qui se passe dans le mien. »

C'est dont la possibilité de concourir dans le même acte intellectuel qui constitue le principe d'unité d'un corps (1).

---

(1) C'est qu'en effet il n'y a qu'un acte intellectuel qui puisse être identique entre plusieurs individus, et constituer le principe d'unité d'un corps. Un acte physique ne le peut pas. Un tel acte, propre à l'individu qui l'exerce, n'offre aucune base à cette identité. Que le Sénat Romain décide que le Consul Opimius mettra à mort Tibérius Gracchus, cette décision est littéralement et sans figure l'acte de chaque sénateur qui y contribue par son suffrage. Qu'Opimius, en conséquence, tue Gracchus d'un coup d'épée, ce coup d'épée n'est l'acte que du seul Opimius. — Les juristes diront que cet acte n'est pas moins celui du Sénat que l'autre. *Qui facit per alium, facit per se.* Je n'examinerai pas si ce tour d'esprit, qui tend à confondre une personne avec une autre, peut avoir quelque utilité : je me borne ici à observer que si, pour abréger ou pour s'exprimer d'une manière plus frappante, ce coup d'épée est représenté comme l'acte du Sénat, ce ne peut être que dans un sens figuré.

## II. *Des Corps permanents.*

Un corps politique permanent est une collection d'individus destinés à produire une suite d'actes relatifs à l'objet de leur institution. Ces actes seront ceux de tous, s'ils sont unanimes; mais comme il est impossible qu'il existe une identité parfaite et constante de sentiments dans une grande réunion d'individus, on est convenu de donner la même force à l'acte d'une majorité qu'à celui du nombre total.

L'impossibilité d'un concours universel et constant de sentiments dans une assemblée, est démontrée par l'expérience de tous les temps et de tous les lieux. Un gouvernement où le corps législatif seroit assujetti à cette loi d'unanimité est une extravagance si palpable, que, sans l'exemple de la Pologne, on ne pourroit pas croire qu'elle fût jamais entré dans l'esprit humain; et l'exemple de la Pologne montre également que si une telle loi peut se faire, elle ne peut pas s'observer, et que, dans le cas où on l'observe, elle ne produit que la plus affreuse anarchie.

Quand on s'en rapporte à la décision d'un corps politique, ce qu'on désireroit en premier lieu, c'est d'obtenir le vœu unanime de ses membres : mais cette unanimité étant comme impossible, ce qu'on désire en second lieu, c'est le vœu qui en approche le plus. — Ceci mène à se contenter du vœu de la majorité simple ; car, quelque loin qu'il soit du véritable vœu universel, il en est plus près que le vœu contraire.

Les nombres se trouvent-ils égaux des deux parts ? il en résulte qu'il n'y a point d'acte général. Chaque vœu détruisant le vœu contraire, il n'y a point de conclusion prise ; les choses doivent rester comme elles étoient, sans qu'on ait besoin de donner de voix prépondérante à personne.

Je n'ai rien dit jusqu'ici des cas d'absence qui changent continuellement l'identité de l'assemblée. Que dire d'un vœu qui ne se déclare point ? Il n'appartient ni à un côté ni à l'autre. Il ne peut pas être compté dans la composition du vœu général.

Annuler le vœu de l'assemblée à raison des absents, ce seroit donner aux vœux des absents le même effet que s'ils s'étoient déclarés pour le parti de la minorité : ce que, par la supposition, ils n'ont pas fait. Dans le calcul des suffrages, à parler mathématiquement, la vraie valeur du vœu d'un absent est de *un moins un :*

ce qui est égal à zéro. Lui donner la valeur de *plus un* ou de *moins un*, ce seroit également un faux calcul.

Mais est-il toujours nécessaire d'avoir une décision ? Non, sans doute : il y a bien des cas où il seroit trop dangereux de permettre à une petite portion de l'assemblée d'agir toute seule. On aimera mieux n'avoir point de décision que d'en avoir une qui ne réunisse pas une certaine proportion des suffrages du corps entier. On fixera d'avance le nombre nécessaire pour légitimer un acte de l'assemblée. Je ne fais que toucher ici à cette question importante, qui sera discutée dans un autre article.

Il me suffit d'avoir fait remarquer ici que cette formule ordinaire, *telle a été la décision de l'assemblée*, énonce des faits très-différents. Avec une assemblée dont la composition numérique varie toujours, la seule identité qui existe, c'est l'effet légal de ses décisions.

Voilà trop de métaphysique, dira-t-on peut-être ; — mais je réponds qu'elle étoit nécessaire, puisqu'on vouloit expliquer la nature d'un *corps politique* sans avoir recours au langage figuré. Cette expression a servi de prétexte à des allégories sans fin, qui sont devenues elles-mêmes la base d'une multitude de raisonnements puériles. L'imagination des écrivains s'est épuisée à donner aux Corps politiques les propriétés des différents corps. Tantôt ce sont des corps mécaniques, — et alors il est question de leviers, de ressorts, de rouages, de chocs, de frottement, de balancement, de prépondérance. Tantôt ce sont des corps animés, — et alors on emprunte tout le langage de la physiologie : on parle de santé, de maladie, de vigueur, d'imbécillité, de corruption, de dissolution, de sommeil, de mort et de résurrection. Je ne sais combien d'ouvrages politiques seroient anéantis si on leur ôtoit ce jargon poétique avec lequel on pense créer des idées, quand on ne combine que des mots.

Il est vrai que, soit pour abréger, soit pour tempérer l'aridité du sujet, il est permis d'emprunter quelques traits du langage figuré, et même on y est souvent forcé, puisque les idées intellectuelles ne peuvent jamais s'exprimer que par des images sensibles : mais, dans ce cas, il y a deux précautions à observer ; — l'une, de ne jamais perdre de vue la vérité simple et rigoureuse, c'est-à-dire, d'être toujours en état de traduire intérieurement le langage figuré en langage simple ; — l'autre, de ne fonder aucune conclusion sur une expression figurée, dans ce qu'elle a d'impropre, c'est-à-dire, lorsqu'elle ne s'accorde plus avec le véritable fait.

Le langage figuré, très-utile à la conception, quand il vient à la suite du langage simple, lui est funeste quand il le remplace. Il accoutume à raisonner sur les plus fausses analogies, et forme, autour de la vérité, un nuage que les esprits les plus clairvoyants ont bien de la peine à percer.

## CHAPITRE III.

### *DE LA PUBLICITÉ.*

AVANT d'entrer dans le détail des opérations de l'Assemblée, plaçons à la tête de son règlement la loi la plus propre à lui assurer la confiance publique et à la faire marcher constamment vers le but de son institution.

Cette loi est celle de la *publicité.*

La discussion de ce sujet se divise en six parties. 1.° Les raisons justificatives; 2.° l'examen des objections; 3.° les exceptions convenables; 4.° les points auxquels la publicité doit s'étendre; 5.° les moyens de publicité; 6.° des observations sur la pratique établie en Angleterre.

### I. RAISONS JUSTIFICATIVES.

1.° *Contenir les membres de l'assemblée dans leur devoir.*

Plus l'exercice du pouvoir politique est exposé à un grand nombre de tentations, plus il faut donner à ceux qui en sont chargés de puissants motifs pour y résister. Mais il n'en est point de plus constant et de plus universel que la surveillance du public. Le corps du public compose un tribunal, et un tribunal qui vaut mieux que tous les tribunaux ensemble. On peut affecter de braver ses arrêts, les représenter comme des opinions flottantes et divergentes qui se détruisent les unes les autres; mais chacun sent que ce tribunal, quoique susceptible d'erreur, est incorruptible; qu'il tend sans cesse à s'éclairer, qu'il renferme toute la sagesse et toute la justice d'une nation, qu'il décide toujours de la destinée des hommes publics, et que les peines qu'il prononce sont inévitables. Ceux qui se plaignent de ses jugements ne font qu'en appeler à lui-même, et l'homme vertueux, en résistant à l'opinion du jour, en s'élevant au-dessus d'une clameur générale, compte et pèse en secret les suffrages de ceux qui lui ressemblent.

S'il étoit possible de se soustraire à ce tribunal, quel est celui qui pourroit le vouloir? Ce n'est pas, sans doute, l'homme de bien ni l'homme éclairé, puisqu'à la longue ils n'ont rien à en craindre, et qu'ils ont tout à en espérer. Les ennemis de la publicité peuvent se ranger sous trois classes : — le malfaiteur qui voudroit se dérober aux regards du juge; — le despote qui cherche à étouffer l'opinion publique, dont il craint d'entendre la voix; — l'homme timide ou indolent qui accuse l'incapacité générale pour voiler la sienne.

On dira peut-être qu'une assemblée, surtout si elle est nombreuse, forme un public intérieur, qui se sert de frein à lui-même. Je réponds qu'une assemblée, quelque nombreuse qu'elle soit, ne le sera jamais assez pour remplacer à cet égard le véritable public. Elle sera toujours divisée en deux partis qui n'ont point, l'un par rapport à l'autre, les qualités nécessaires pour bien remplir la fonction de Juges. L'impartialité leur manque. Quelle que soit la conduite d'un individu, il sera presque toujours assuré du suffrage des uns et de la contradiction des autres. La censure interne ne suffira jamais pour assurer la probité, sans le secours de la censure externe. On craint peu les reproches de ses amis; on devient presque insensible à ceux de ses ennemis. L'esprit de parti, renfermé dans une petite enceinte, dénature également le blâme et la louange.

2.° Second avantage de la publicité: *Assurer la confiance du peuple et son assentiment aux mesures législatives.*

Le soupçon est toujours errant autour du

mystère. Il croit voir un crime où il voit une affectation de secret, et il se trompe rarement; car pourquoi se cacher, si l'on ne craint pas d'être vu? Autant il importe à l'improbité de s'entourer de ténèbres, autant il importe à l'innocence de marcher au grand jour, de peur d'être prise pour son adversaire. Une vérité si saillante se présente d'elle-même à l'esprit du peuple ; et si le bon sens ne la suggéroit pas, la malignité suffiroit pour la mettre en vogue. Le meilleur projet, préparé dans les ténèbres, excitera plus d'épouvante que le plus mauvais sous les auspices de la publicité.

Mais dans une politique ouverte et franche, quelle confiance et quelle sûreté, je ne dis pas pour le peuple, mais pour les administrateurs eux-mêmes ! Mettez-vous dans l'impossibilité de rien faire à l'insçu de la nation ; prouvez-lui que vous ne pouvez ni la tromper ni la surprendre, — vous enlevez au mécontentement toutes les armes qu'il auroit pu tourner contre vous. Le public vous rend avec usure la confiance que vous lui témoignez. La calomnie perd sa force ; ses couleuvres se nourrissent de venin dans les cavernes, l'éclat du jour leur est mortel.

Qu'une politique secrète s'épargne quelquefois des inconvénients, c'est ce que je ne prétends pas nier, mais je ne doute pas qu'à la longue, elle n'en crée plus qu'elle n'en sauve, et que de deux Gouvernements qui marchent, l'un par le secret, l'autre par la publicité, le dernier n'ait une force, une hardiesse et une réputation qui le rendra supérieur à toutes les dissimulations de l'autre.

Considérez en particulier combien les délibérations publiques sur les lois, les mesures, les impôts, la conduite des hommes d'État, doivent opérer sur l'esprit général d'une nation, en faveur de son gouvernement. Les objections ont été réfutées, les fausses rumeurs confondues : la nécessité des sacrifices qu'on exige du peuple a été mise dans tout son jour. L'Opposition avec tous ses efforts, loin de nuire à l'autorité, la sert essentiellement; et c'est dans ce sens qu'on peut bien dire *que ce qui résiste appuie :* car l'administration est beaucoup plus assurée du succès général d'une mesure et de l'approbation publique, après un combat entre les deux partis qui a eu pour témoin la nation entière.

Chez un peuple qui aura eu long-temps des assemblées publiques, l'esprit général sera monté sur un ton plus haut; les idées saines seront plus communes ; les préjugés nuisibles, combattus publiquement, non par des rhéteurs, mais par des hommes d'État, auront moins d'empire. La multitude même sera plus en garde contre la charlatanerie des démagogues et les illusions des imposteurs. On aura plus d'estime pour les grands talents, et les frivolités du bel esprit seront mieux réduites à leur juste valeur. Une habitude de raison et de discussion aura pénétré dans toutes les classes de la société. Les passions, accoutumées à une lutte publique, auront appris à se ménager réciproquement ; elles auront perdu cette sensibilité morbide qui, chez les peuples sans liberté et sans expérience, les rend le jouet de toutes les alarmes et de tous les soupçons. Dans les circonstances mêmes où le mécontentement se manifeste avec le plus d'éclat, ces signes d'inquiétude ne sont point des présages de révolte : la nation se repose sur des hommes de confiance qu'une longue habitude lui a fait connoître, et l'opposition légale à toute mesure impopulaire prévient jusqu'à l'idée d'une résistance illégitime. Si même le vœu public échoue contre un parti trop puissant, on sait que la cause n'est pas jugée sans appel, et la patience persévérante devient une des vertus des pays libres.

L'ordre même qui règne dans les discussions d'une assemblée politique forme, par imitation, l'esprit national. Cet ordre se reproduit jusque dans les clubs, dans les groupes, dans les assemblées inférieures où le peuple se plaît à retrouver la régularité dont il a pris l'idée dans son grand modèle. Combien de fois n'a-t-on pas vu à Londres, dans l'effervescence d'un tumulte, des Orateurs connus obtenir la même attention que dans le Parlement ! la multitude se ranger autour d'eux, les écouter en silence, et procéder avec un degré de modération que l'on ne conçoit pas même dans ces États despotiques où la populace, arrogante et timide tour-à-tour, est également méprisable dans ses emportements et ses soumissions. Cependant le régime de la publicité, très-imparfait encore et nouvellement toléré, sans être établi par les lois, n'a pas eu le temps de produire tous les bons effets qui en doivent naître. Aussi a-t-on vu des soulèvements qui n'avoient d'autre cause que la précipitation avec laquelle on avoit agi, sans prendre la précaution d'éclairer le peuple (1).

(1) Par exemple, en 1780, dans l'affaire des Catholiques.

Autant il importe aux Gouvernés de connoître la conduite des Gouvernants, autant il importe aux seconds de connoître les véritables vœux des premiers. Sous le régime de la publicité, rien de plus facile. On met le public en état de former une opinion éclairée, et le cours de cette opinion se marque aisément. Sous le régime contraire, que peut-on savoir avec certitude ? Le public va toujours son train, parlant et jugeant de tout ; mais il juge sans avoir les pièces du procès, il juge même sur des pièces fausses ; son opinion n'étant point fondée sur la connoissance des faits, est toute différente de ce qu'elle auroit été, si elle avoit eu la vérité pour base. Et il ne faut pas croire que le Gouvernement puisse dissiper, à son gré, des erreurs qu'il lui eût été facile de prévenir. Un éclaircissement tardif ne répare pas toujours le mal d'une première impression erronée. Le peuple, sur le peu qui transpire d'un projet, aura conçu des appréhensions sinistres. Nous les supposons mal fondées, mais n'importe, il s'agite, il murmure, les alarmes se propagent, la résistance se prépare. L'Administration n'aura-t-elle qu'à parler ? n'aura-t-elle qu'à faire connoître la verité pour changer cette disposition de l'esprit public ? Non, sans doute : la confiance n'est que l'œuvre du temps. Les imputations odieuses subsistent, les éclaircissements qu'on ne donne que par nécessité passent pour un aveu de foiblesse. Ainsi le bien même échoue, quand il est mal entrepris, et qu'on a heurté les inclinations du peuple. L'histoire de Joseph II en fournit une multitude d'exemples.

A ces considérations majeures, il s'en joint d'autres qui ne sont point à négliger. *Dans une assemblée élue par le peuple, et renouvelée d'époque en époque, la publicité est absolument nécessaire pour ménager aux électeurs la faculté d'agir avec connoissance de cause.*

A quoi sert de renouveler les assemblées, si le peuple est toujours forcé de choisir entre des hommes qu'il n'a pas eu les moyens de juger?

Dérober au public la conduite de ses Mandataires, c'est ajouter l'inconséquence à la prévarication; c'est dire aux Commettants : «vous élirez ou vous rejeterez tels ou tels de vos Députés, sans savoir pourquoi : il vous est défendu d'agir par raison; vous n'aurez d'autre guide, dans l'exercice du plus grand de vos pouvoirs, que le hasard ou le caprice. »

Autre raison en faveur de la publicité : *ménager à l'assemblée la faculté de profiter des lumières du public.*

Un peuple trop nombreux pour agir par lui-même, est sans doute forcé de remettre ses pouvoirs à des députés : mais cette assemblée aura-t-elle en concentration toute l'intelligence nationale ? Est-il même possible que ces Elus soient, à tous égards, les plus éclairés, les plus capables, les plus sages de la nation ; qu'ils possèdent à eux seuls toutes les connoissances générales et locales que requiert la fonction de gouverner ? Ce prodige d'élection est une chimère. Dans des temps paisibles, l'opulence et un rang distingué seront toujours les circonstances les plus propres à concilier les suffrages du grand nombre. Les hommes qui, par état, cultivent leur intelligence, ont rarement les moyens d'entrer dans la carrière politique : Locke, Newton, Hume, Adam Smith, et beaucoup d'autres hommes de génie, n'ont point eu de siége dans le Parlement. Les idées les plus salutaires sont souvent venues d'individus isolés. Le plan qui a signalé l'administration de M. Pitt, le fonds d'amortissement étoit, comme on sait, le fruit des calculs du docteur Price, qui n'auroit peut-être jamais eu le loisir de se livrer à de telles recherches, s'il en eût été distrait par des occupations politiques. Le seul homme qui eût, dès l'origine de la querelle avec les colonies de l'Amérique, des idées saines, et qui eût épargné une guerre à la nation, s'il eût été écouté, c'étoit un Ecclésiastique exclus, par son état, de la représentation nationale (1). Mais, sans entrer dans les détails, il est aisé de sentir combien la publicité est un moyen sûr pour recueillir toutes les lumières d'une nation, et par conséquent pour faire éclore des pensées utiles.

On croira peut-être que je m'écarte du sérieux de ce sujet, si je mets en ligne de compte, parmi les avantages de la publicité, l'*amusement qui en résulte*, je dis l'amusement en lui-même, séparé de l'instruction, quoique, dans le fait, on ne puisse pas l'en séparer.

Mais celui qui regarderoit cette considération comme frivole, raisonneroit très-mal. Ce qu'on appelle *utile* est ce qui promet un bien. L'amusement est un bien tout réalisé : et ce genre de plaisir, en particulier, me paroît suffisant à lui seul pour élever le bonheur d'une nation qui en jouit fort au-dessus de celui des nations qui ne le connoissent pas.

Les *Mémoires* sont une des parties les plus agréables de la littérature françoise, et il est

---

(1) Le doyen Tucker.

peu de livres qui soient plus recherchés : mais les Mémoires ne paroissent que long-temps après les événements, et ne sont pas entre les mains de tout le monde. Les journaux anglois sont de vrais mémoires, publiés au moment même où les événements se passent, où l'on trouve toutes les discussions parlementaires, tout ce qui concerne les acteurs placés sur le théâtre politique, tous les faits librement exposés et les opinions librement débattues. Je ne sais quel Empereur avoit proposé un prix pour l'inventeur d'un nouveau plaisir. Personne ne l'a mieux mérité que celui qui mit le premier sous les yeux du public les transactions d'une assemblée législative (1).

## II. OBJECTIONS.

Si la publicité est si favorable, à tant d'égards, aux Gouvernants eux-mêmes, si propre à les garantir des injustices du public, à leur procurer la plus douce récompense de leurs travaux, — pourquoi sont-ils si généralement ennemis de ce régime? Faut-il en chercher la

(1) Voyez la *Philosophie morale de Paley*. L. VI, c. 6. Je renvoie les lecteurs à ce passage, auquel on ne peut rien ajouter.

cause dans des vices, dans le désir de gouverner sans responsabilité, de soustraire leur conduite à l'inspection, d'en imposer au peuple, de l'assujettir par son ignorance? De tels motifs peuvent n'être pas étrangers à plusieurs d'entr'eux, mais les attribuer à tous seroit le langage de la satyre. Il peut y avoir à cet égard des erreurs de bonne foi, fondées sur des objections spécieuses : essayons de les réduire à leur juste valeur.

Première objection. « Le public est un juge » incompétent des opérations d'une assemblée » politique, à raison de l'ignorance et des » passions de la majorité de ceux qui le com- » posent. »

Si j'allois jusqu'à convenir que dans la masse du public, il n'y a peut-être pas un individu sur cent, qui soit capable de former un jugement éclairé sur les questions qu'on traite dans une assemblée politique, on ne m'accuseroit pas d'affoiblir l'objection; et cependant, même à ce point, elle ne me paroît d'aucune force contre la publicité.

Cette objection auroit quelque solidité, si, en ôtant au tribunal populaire, les moyens de bien juger, on lui ôtoit également la fantaisie de juger : mais le public juge, et il jugera toujours. S'il s'abstenoit de juger par la peur de mal juger, loin d'accuser son ignorance, il faudroit admirer sa sagesse. Un peuple qui sauroit suspendre son jugement ne seroit pas composé d'hommes vulgaires, mais de philosophes.

Mais la publication des pièces, dira-t-on, augmentera le nombre des mauvais juges dans une proportion très-supérieure à celle des bons.

Je réponds à cela que, pour l'objet en question, il faut distinguer le public en trois classes : la première est composée de la partie la plus nombreuse qui s'occupe très-peu des affaires publiques, et qui n'a ni le temps de lire ni le loisir de raisonner. La seconde est composée de ceux qui portent une espèce de jugement, mais un jugement d'emprunt, un jugement sur parole, sans se donner la peine ou sans avoir la capacité de former une opinion à eux. La troisième est composée de ceux qui jugent par eux-mêmes, d'après les informations plus ou moins exactes qu'ils ont pu se procurer.

Quelle est celle des trois classes d'hommes à qui la publicité peut nuire ?

Ce n'est pas à la première, puisque, par la supposition, elle est nulle pour eux. Ce n'est pas à la troisième : elle jugeoit auparavant, elle juge maintenant ; mais elle jugeoit mal sur des informations trè-peu exactes : elle jugera mieux lorsqu'elle sera mise en possession des documents vrais.

Quant à la seconde classe, ses jugements, avons nous dit, sont des jugements d'emprunt, mais ils sont l'écho de ceux de la troisième classe. Or, cette classe, mieux instruite et jugeant mieux, fournira des opinions plus saines à ceux qui les reçoivent toutes préparées de sa part. En rectifiant les unes, vous aurez rectifié les autres. En purifiant la source, vous aurez purifié les canaux.

Pour décider si la publicité peut nuire ou servir, il ne faut considérer que la classe qui juge, parce qu'elle seule entraîne le cours de l'opinion. Or, si cette classe juge mal, c'est qu'elle ignore les faits, c'est qu'elle ne possède pas les données nécessaires pour former un bon jugement. Voici donc la logique des partisans du mystère : « vous êtes incapables de juger, parce que vous êtes dans l'ignorance, et vous resterez dans l'ignorance, parce que vous êtes incapables de juger. »

Seconde objection. « La publicité peut exposer à la haine publique un Membre de l'assemblée, pour des procédés qui mériteroient un autre sort. »

Cette objection rentre dans la première, l'incapacité du peuple à distinguer ses amis de ses ennemis.

Si un Membre d'une assemblée politique n'avoit pas assez de fermeté pour braver une injustice momentanée, il lui manqueroit la première qualité de son état. Le propre de l'erreur est de n'avoir qu'une durée accidentelle qui peut cesser à chaque instant, tandis que la vérité a une existence indestructible. Il ne s'agit que de la mettré en évidence, et c'est à quoi tout concourt dans le régime de la publicité. L'injustice est-elle une fois reconnue? la haine se change en estime; et celui qui, aux dépens du crédit d'un jour, a osé tirer cette lettre de créance sur l'avenir, en est payé avec usure.

Sous le rapport de la réputation, la publicité est beaucoup plus utile aux membres de l'assemblée qu'elle ne peut leur être nuisible. Elle est leur sauve-garde contre les imputations malignes et les calomnies. On ne peut ni leur attribuer des discours faux, ni dissimuler le bien qu'ils ont fait, ni donner à leur conduite une tournure perfide. A-t-on mal interprété leurs intentions? une explication publique fait tomber les fausses rumeurs et ne laisse point de prise aux attaques clandestines.

Troisième objection. « Le désir de la po-
» pularité peut suggérer à des Membres de
» l'assemblée des propositions dangereuses ;
» l'éloquence que l'on cultive est une éloquence
» de séduction plus que de raison, celle d'un
» tribun du peuple plus que celle d'un légis-
» lateur. »

Réponse. Cette objection rentre encore dans la première, c'est-à-dire, l'incompétence du peuple à juger de ses vrais intérêts, à distinguer entre ses amis et ses flatteurs.

Dans un Etat représentatif où le peuple n'est pas appelé à voter sur les mesures politiques, ce danger est peu à craindre. Les discours des orateurs qui ne lui sont connus que par les journaux, n'ont point l'influence des harangues passionnées d'un démagogue séditieux. Ils ne lui parviennent qu'en passant par un milieu qui les refroidit : et de plus, ils sont accompagnés des arguments contradictoires qui, dans le cas supposé, ont tout l'avantage naturel du vrai sur le faux.

La publicité des débats a ruiné plus de démagogues qu'elle n'en a faits. Un homme qui a acquis une grande faveur populaire, n'a qu'à entrer en Parlement pour cesser d'être redoutable. Placé au milieu de ses égaux ou de ses supérieurs en talent, il n'avance rien qui ne soit combattu ; ses exagérations sont réduites à la mesure du vrai ; sa présomption est humiliée : le désir d'une popularité momentanée ne produit que le ridicule, et le flatteur du peuple finit par dégoûter le peuple même.

Quatrième objection. « Dans un Etat mo-
» narchique, la publicité des assemblées, en
» exposant les Membres au ressentiment du
» Chef de l'Etat, peut nuire à la liberté de
» leurs décisions. »

Cette objection, plus spécieuse que les précédentes, s'évanouit quand on l'examine, et même se tourne en argument en faveur de la publicité. Pour une telle Assemblée, s'il y a du danger de la part de ce Supérieur, il n'y a de sauvegarde que dans la protection du peuple. La précaution des délibérations secrètes seroit plus apparente que réelle. Les démarches de l'Assemblée seroient toujours connues de ce Supérieur, tandis qu'elles seroient ignorées de ceux qui ne demanderoient qu'à la protéger, si on leur en laissoit les moyens.

Si donc une Assemblée politique préféroit le régime secret, en alléguant la nécessité de se soustraire à l'inspection de ce Supérieur, il ne faut pas s'y tromper, ce ne seroit qu'un prétexte. Le vrai motif de cette conduite seroit plutôt le vœu de se soumettre à son influence, sans trop s'exposer au blâme public : car en excluant le peuple, de quelle inspection se délivre-t-on que de celle du peuple ? Le Chef manque-t-il d'agents et d'espions ? N'est-il pas en même temps invisible et présent au sein de cette Assemblée ?

Avancera-t-on comme objection contre le régime de la publicité que c'est un système de *méfiance* ? — Sans doute, c'en est un, et toute bonne institution politique, n'est-elle pas fondée sur cette base ? De qui faudroit-il se défier si ce n'est de ceux à qui vous donnez une grande autorité avec de grandes tentations d'en abuser ? Considérez les objets de leurs devoirs ; ce ne sont pas leurs propres affaires, mais les affaires d'autrui, comparativement indifférentes, très-difficiles, très-compliquées, que l'indolence seule porteroit à négliger, et qui exigent l'application la plus laborieuse. Considérez leurs intérêts personnels, vous les verrez souvent en opposition avec ceux qui leur sont confiés ; ils possèdent tous les moyens de se servir eux-mêmes aux dépens du public, sans pouvoir en être convaincus. Que reste-t-il donc pour surmonter tous ces motifs dangereux qu'à créer un intérêt d'une force supérieure ? Et quel peut être cet intérêt, sinon le respect pour l'opinion publique, la crainte de ses jugements, le désir de la gloire, en un mot, tout ce qui résulte de la publicité ?

L'efficacité de ce grand moyen s'étend à tout, législation, administration, judicature. Sans publicité, point de bien permanent. Sous les auspices de la publicité, point de mal durable.

## III. *Objets auxquels la publicité doit s'étendre.*

La publication de ce qui se passe dans l'assemblée doit embrasser les points suivants.

1.° La teneur de chaque motion.

2.° La teneur des discours ou des arguments pour et contre.

3.° L'issue de chaque motion.

4.° Le nombre des votes de part et d'autre.

5.° Le nom des votants.

6.° Les pièces probantes qui ont servi de base à la décision.

Je ne m'arrête pas à prouver que la connoissance de tous ces points est nécessaire pour mettre le tribunal du public en état de former un jugement éclairé. Mais on peut faire une objection contre la publicité des nombres respectifs des votants. On risque, dira-t-on, en les publiant, d'affoiblir l'autorité des actes de l'assemblée, et d'encourager l'opposition dans les cas où la majorité est petite.

Réponse. Il faut distinguer entre l'opposition illégale et l'opposition légale. La première n'est pas à présumer. La seconde n'est pas un mal.

La première, dis-je, n'est pas à présumer. L'existence d'un gouvernement régi par une assemblée, est fondée sur une disposition habituelle à se conformer au vœu de la pluralité : on ne s'attend point à une unanimité constante, parce qu'on sait qu'elle est impossible; et dans le cas où un parti est vaincu par une très-petite majorité, loin de trouver dans cette circonstance un motif pour se livrer à une résistance illégale, il n'y voit qu'une raison d'espérer un succès prochain.

Si, d'après cela, il s'établit une opposition légale, elle n'est point un mal : car le nombre comparatif des suffrages étant la seule mesure de probabilité pour la droiture des décisions, il s'ensuit que l'opposition légale ne sauroit être mieux fondée qu'en se dirigeant sur cette probabilité. Posez le cas d'une décision juridique. Qu'il y ait eu deux jugements, l'un rendu par la plus petite majorité possible, l'autre par la plus grande, — ne seroit-il pas plus naturel de se pourvoir en appel contre le premier que contre le second ?

Cependant la nécessité de l'appel en matière juridique n'est pas à beaucoup près de la même importance qu'en matière de législation. Les décisions des Juges ne s'appliquent qu'à des cas individuels ; les décisions d'une assemblée législative règlent les intérêts de toute une nation et ont des conséquences qui se renouvellent sans cesse.

Croiriez-vous obtenir plus de soumission en cachant au public les différents nombres des suffrages ? Vous seriez dans l'erreur. Le public réduit à des conjectures, tournera ce mystère contre vous. Il sera très-susceptible d'être égaré par de faux rapports. Une petite minorité se représentera comme approchant de la majorité, et fera valoir mille moyens insidieux pour tromper le public sur sa véritable force.

Le Congrès américain, pendant la guerre de l'indépendance, étoit dans l'usage, si je ne me trompe, de donner toutes ses résolutions comme unanimes. Ses ennemis virent, dans cette précaution même, le besoin de cacher une discorde habituelle. Cette Assemblée, d'ailleurs si sage, aima mieux s'exposer à ce soupçon que de laisser connoître les degrés de dissentiment dans les mesures qu'elle prenoit. Mais, quoique cette supercherie ait réussi dans ce cas particulier, cela ne prouve point son utilité générale. Le Congrès, bien sûr de la confiance de ses constituants, avoit leur approbation dans l'emploi d'un stratagême qui tendoit à désorienter ses ennemis.

Les noms des votants doivent être publiés, non-seulement pour mettre le public à portée de connoître les principes habituels de ses députés et leur assiduité aux séances, mais encore par une autre raison. La qualité des suffrages influe sur l'opinion aussi bien que leur nombre. Vouloir qu'ils eussent tous le même poids, ce seroit vouloir que la sottise eût la même influence que la sagesse, et que le mérite fût sans motif et sans récompense.

## IV. *Exceptions à la règle de la publicité.*

La publicité doit être suspendue dans les cas où elle produiroit les effets suivants.

1.° Favoriser les projets d'un ennemi.

2.° Blesser sans nécessité des personnes innocentes.

3.° Infliger une peine trop sévère à des coupables.

On ne peut pas faire une loi absolue de la publicité, parce qu'il est impossible de prévoir toutes les circonstances dans lesquelles peut se trouver une assemblée. On fait des règles pour un état de calme et de sûreté. On ne peut pas en faire pour un état de trouble et de péril. Le secret est un moyen de conspiration. Ce ne doit donc pas être le régime d'un gouvernement régulier.

## V. *Moyens de publicité.*

Voici les moyens de publicité dont on peut faire usage en tout ou en partie, selon la nature de l'assemblée et l'importance des affaires.

1.° Publication authentique des transactions de l'assemblée sur un plan complet, renfermant les six points énoncés dans l'article précédent.

2.° Emploi de Tachygraphes pour les discours, et en cas d'examen pour les interrogatoires.

3.° Tolérance d'autres publications non-authentiques pour le même sujet.

4.° Admission d'étrangers aux séances.

L'emploi des tachygraphes seroit indispensable dans le cas où l'on voudroit avoir la teneur entière des discours. Mais on ne peut avoir recours à ce moyen que dans des discussions assez importantes pour justifier la dépense. En Angleterre, dans un procès ordinaire, les parties ont la liberté de l'employer. Dans le procès solemnel de M.r Hastings, la Chambre des Communes d'une part et l'accusé de l'autre, avoient leurs tachygraphes. La Chambre des Lords, en qualité de Juge, avoit de plus le sien.

Par rapport aux publications non-authentiques, il est nécessaire de les tolérer soit pour prévenir la négligence et la mauvaise foi des rapporteurs en titre, soit pour en écarter le soupçon. Un privilége exclusif seroit regardé comme un certificat de fausseté. D'ailleurs la publication authentique du procès-verbal de l'assemblée ne peut se faire qu'avec une lenteur qui ne satisferoit point l'impatience du public, sans compter le mal que pourroient faire, dans l'intervalle, de faux rapports, avant que la publication authentique vînt les détruire.

Les journaux non-officiels remplissent complètement cet objet. Leur succès dépend de l'avidité du public, et leur talent consiste à la satisfaire. On est arrivé en Angleterre à un tel point de célérité, que des débats qui se seront prolongés jusqu'à trois ou quatre heures du matin, seront, dès le lendemain, imprimés en seize colonnes in-folio d'un petit caractère, et distribués avant midi dans la Capitale.

L'admission du public aux séances est un point très-important ; mais ce sujet demande des explications qui ne seroient pas ici à leur place. Il sera traité à part.

La principale raison pour cette admission, c'est qu'elle tend à inspirer de la confiance dans les rapports des journaux, ou plutôt qu'elle en est la condition essentielle. Si le public étoit exclus, il seroit toujours porté à soupçonner qu'on altère la vérité, ou que du moins on en supprime une partie, et qu'il se passe dans l'Assemblée beaucoup de choses qu'il ne connoît point. Mais, indépendamment de cette garantie, il est très-utile, pour la réputation des Membres de l'assemblée, d'être entendus par des témoins impartiaux, et jugés par une portion du public qui se renouvelle tous les jours. Cette présence des étrangers est pour eux un puissant motif d'émulation, en même temps qu'elle est un frein salutaire contre les diverses passions que les débats peuvent faire naître (1).

---

(1) Cette doctrine de la publicité paroîtra bien paradoxale à nos Gouvernements Helvétiques. Les Conseils représentatifs établis dans presque tous les Cantons, c'est-à-dire dans tous ceux qui n'ont pas conservé le régime démocratique, non-seulement n'admettent point d'externes à leurs séances, mais encore ne publient point de procès-verbaux de leurs délibérations. L'admission du public se présenteroit à eux sous l'aspect d'une nouveauté tout-à-fait dangereuse : on en craindroit une fermentation continuelle dans l'esprit public; on se croiroit exposé à des rapports tronqués, insidieux ou calomnieux. Ce seroit, diroit-on, ouvrir un spectacle à des oisifs, qui acquerroient bientôt une activité malfaisante, et provoquer une perte de temps pour ceux qui ne subsistent que par leur travail. En un mot, la publicité seroit bientôt suivie de quelque révolution.

Je ne me dissimule pas les inconvénients.—Mais en même temps je vois avec regret nos Gouvernements renoncer aux avantages qui résultent de la publicité. Ils font des lois dont les raisons ne sont connues que de ceux qui ont suivi les discussions des Conseils. Le public les ignore, et ne pouvant rien connoître, il reste dans un état d'infériorité qui établit une disproportion fâcheuse entre les gouvernants et les gouvernés.

Il est vrai que la *représentation* est beaucoup plus forte par rapport à la population de chaque Canton, qu'elle ne l'est dans des États tels que la France et l'Angleterre. C'est là une différence réelle et qui diminue les dangers de la non-publicité. La classe moyenne,

## VI. *État des choses en Angleterre.*

Pour se faire une idée juste de l'état des

---

étant beaucoup mieux représentée, a bien plus de motifs de confiance dans ses députés, en même temps qu'elle a moins à craindre de la part du gouvernement, qui n'a pas à sa disposition les moyens de les séduire. On doit bien convenir aussi que si la salle des délibérations étoit ouverte au public, il en résulteroit le danger des rapports partiaux et infidelles, à moins qu'il n'y eût un journal exact des débats.

Je pense toutefois que dans chaque Canton, on pourroit accorder l'admission dans le Conseil représentatif à un certain nombre de personnes, sans inconvénient et avec de grands avantages. On pourroit donner ce droit de présence, 1.° à ceux des candidats auxquels il n'auroit manqué qu'un petit nombre de suffrages pour être élus députés; 2.° à ceux qui seroient sortis par la loi de l'amovibilité et qui peuvent rentrer par une nouvelle élection; 3.° aux jeunes élèves qui étudient le droit et qui sont destinés aux magistratures; 4.° à des employés publics, aux ecclésiastiques, aux directeurs des établissements de charité, etc. etc.

Voilà des hommes qui ont une responsabilité, un attachement naturel au maintien de la constitution, un intérêt particulier à connoître les raisons qui ont servi de base aux lois et aux actes publics. Leur admission auroit l'heureux effet d'associer un plus grand nombre d'individus à la chose publique, de faire cesser la jalousie et le mécontentement que l'exclusion peut inspirer, et d'augmenter ainsi la confiance générale.

choses en Angleterre, relativement à la publicité, il faut avoir égard à deux objets bien différents, — les règlements et l'usage actuel.

Voici les règlements :

1.° Défense d'entrer à tous étrangers, c'est-à-dire, à tous ceux qui ne sont pas membres de l'assemblée, sous peine *d'emprisonnement immédiat.* L'introduction donnée par un Membre n'opère ni exception à la défense, ni exemption de la peine. Cette prohibition, faite durant les temps orageux de la guerre civile, en 1650, a été renouvelée sept fois dans des circonstances qui ne fournissoient ni cette excuse ni aucune autre (1).

2.° Défense tant aux étrangers qu'aux Membres mêmes de rien rapporter de ce qui s'y sera passé, ni de rien publier à ce sujet sans l'autorisation de l'Assemblée.

Ce règlement qui date du commencement de la guerre civile, a été renouvelé jusqu'à

---

(1) 26 février 1688.
21 novembre 1689.
2 avril 1690.
31 octobre 1705.
15 novembre 1705.
26 janvier 1709.
16 mars 1719.

treize fois, et pour la dernière, en 1738, dans un arrêté où la passion paroît portée à son comble. Le ton des plus fiers despotes est doux et modéré en comparaison de celui de cette Assemblée populaire.

3.° Depuis 1722, on a publié de la part des Communes ce qui s'appelle les *Votes*. C'est une espèce de procès-verbal sec et décharné, contenant les démarches de forme, avec les motions et les arrêtés, et en cas de division, les nombres pour et contre. Aucune notice des débats.

Avant cette époque, cette publication n'avoit eu lieu que d'une manière intermittente.

Ces votes rassemblés et republiés à la fin de l'année avec un immense amas de loïs et d'actes privés, constituent ce qu'on appelle les *Journaux de la chambre*. Ces journaux sont donnés à chaque Membre, et ne sont point vendus au public.

4.° Ce qu'il importe le plus au public de connoître, ce sont les projets de lois, avant que le Parlement ait statué à leur égard. Ces projets nommés *Bills* ne s'impriment point en vertu d'une règle générale; mais l'impression en est souvent ordonnée par un arrêté spécial et pour l'usage exclusif des Membres:

en sorte que personne ne peut en avoir connoissance, à moins d'obtenir d'un Membre un de ces exemplaires privilégiés.

Quelque singulier qu'il fût de voir les députés du peuple se soustraire avec tant de hauteur aux regards de leurs commettants, les principes d'un gouvernement libre étoient encore si peu connus qu'on ne voit aucune réclamation générale contre une conduite qui tendoit à détruire toute responsabilité de la part des mandataires et toute influence de la part de la nation.

Mais depuis que l'opinion publique, plus éclairée, a pris plus d'ascendant, et principalement sous le règne de George III, quoique ces règlements anti-populaires soient toujours les mêmes, ils ont cessé d'être en vigueur, et un usage contraire a prévalu à plusieurs égards. Il est fâcheux sans doute que ce qu'il y a de mieux en Angleterre se fasse par une continuelle violation des lois; mais il est doux d'observer que les innovations insensibles tendent au perfectionnement général.

La Chambre des Communes a admis par indulgence une petite portion du public; environ cent cinquante ou deux cents étrangers peuvent trouver place dans une tribune séparée. Malheureusement cette indulgence est précaire. Que la Chambre pût exclure les témoins dans le cas d'exception dont nous avons parlé, cela doit être ; mais il ne faut qu'une seule voix pour réclamer le règlement qui, étant toujours en pleine force, est irrésistible.

Quant au contenu des débats et aux noms des votants, il existe nombre de publications périodiques qui en rendent compte. Ces publications sont encore des délits; et c'est à cet heureux délit que l'Angleterre est redevable d'avoir échappé à un régime aristocratique, semblable à celui de Venise.

Ces publications n'auroient pas obtenu ce degré d'indulgence, si elles avoient été plus exactes. Découvroit-on quelque étranger dans la galerie, le crayon à la main, un cri général s'élevoit contre lui, et il étoit impitoyablement chassé. Mais aujourd'hui la connivence va plus loin, et l'on tolère jusqu'à des tachygraphes employés par les rédacteurs des papiers publics.

Chez les Lords, ce sont les mêmes règlements pour le fond ; mais le ton en est plus modéré. Point d'admission pour les étrangers (ordre du 5 avril 1707). Point de publication permise pour les débats (ordre du 27 février 1698) ;

cependant c'est par eux qu'a commencé de nos jours le plan d'indulgence qui règne à présent.

Cette Chambre a un usage qui donne à une partie des opinions une publicité dont on ne trouve pas d'exemple dans l'autre.

Je veux parler des *protests*. Les protests sont des déclarations motivées, faites par un ou plusieurs Membres de la minorité contre les mesures adoptées par la Chambre, et insérées dans ses registres. Ces protests s'impriment et circulent au mépris du règlement. Il résulte de cette publication une bizarrerie qui devroit donner à penser, si la pensée étoit du ressort de la routine. C'est que les seules raisons présentées au public, d'une manière authentique, sont celles qui attaquent les lois.

La Chambre des Pairs, en permettant l'entrée de ses séances à une portion du public, a rendu cette faveur aussi gênante que possible. Point de siéges. Le premier rang des spectateurs intercepte la vue, et nuit à l'ouïe pour ceux qui sont placés derrière. Quelques Membres plus populaires ont proposé, à diverses reprises, de donner au public un emplacement plus commode; mais la majorité de leurs collègues s'y est toujours refusée, soit qu'ils pensent qu'une attitude pénible est plus respectueuse, soit par une horreur absolue de tout changement (1).

---

(1) Dans la constitution françoise de l'an 1814, on a établi, par l'art. 32, que *toutes les délibérations de la Chambre des Pairs seroient secrètes.*

Je ne puis découvrir aucune bonne raison pour ce secret. Si la publicité est dangereuse, elle l'est moins, ce me semble, pour la Chambre qui est le moins exposée au danger de l'ambition populaire.

La non-publicité me paroît particulièrement désavantageuse aux Pairs. Ils ont plus besoin de la publicité comme frein et comme aiguillon : — comme frein, parce qu'en vertu de leur situation, ils sont censés avoir des intérêts qui les séparent du peuple; comme aiguillon, parce que leur inamovibilité affoiblit les motifs d'émulation et leur donne une indépendance absolue.

Je suppose qu'on aura considéré la Chambre des Pairs comme étant ou devant être éminemment monarchique, comme le boulevard de la royauté contre les propositions inconsidérées des députés du peuple. Mais, sous ce point de vue, le secret de leurs délibérations n'est-il pas un contre-sens politique? Vous laissez discuter en public ceux qui, par la supposition, sont ennemis de l'autorité royale, ou du moins trop favorables à la démocratie; et vous obligez à la discussion secrète ceux que vous considérez comme les défenseurs-nés du Monarque et de son gouvernement. N'est-ce pas présumer, en quelque sorte, que leur cause est trop foible pour soutenir les regards de la nation, et que, pour sauver les individus de la désapprobation générale, il faut les faire voter en secret ?

Dans le cas où une proposition de la Chambre des députés auroit obtenu une grande faveur populaire, n'est-il pas à désirer que les arguments qui la combattent soient connus, que le Corps qui la rejette ait le droit de justifier publiquement son refus; qu'on ne l'expose pas au soupçon injurieux de n'agir que dans la seule vue de son intérêt; qu'on ne lui donne pas enfin une position si désavantageuse dans la lutte qu'il doit soutenir ? Car enfin le Corps qui parle en public, et dont les débats sont publiés, a tous les moyens de se concilier des partisans nombreux; tandis que celui qui délibère en secret ne peut influer que sur lui-même. Il semble que ce secret, si peu flatteur pour eux, ait été inventé comme un moyen de leur ôter en influence d'opinion plus qu'on ne leur donne en supériorité de rang.

# CHAPITRE IV.

## *DIVISION DU CORPS LÉGISLATIF EN DEUX ASSEMBLÉES.*

CONVIENT-IL d'avoir deux assemblées dont l'accord soit rendu nécessaire pour l'efficacité d'un décret ?

Il y a des raisons pour et contre. Passons-les en revue.

La division du corps législatif paroît sujette aux inconvénients suivants.

1.° Ce seroit souvent un moyen de donner à la minorité l'effet de la majorité. L'unanimité même d'une des deux assemblées échoueroit contre une majorité d'une seule voix dans l'autre assemblée.

2.° Cette division est propre à favoriser deux intentions différentes, selon la qualité des Membres ainsi distribués. S'agit-il d'Ordres, par exemple, Noblesse et Communes ? le résultat est de favoriser une prépondérance indue, de mettre en opposition les intérêts d'une classe particulière avec les intérêts de la nation même. S'agit-il de deux assemblées sans distinctions rivales ? le résultat est de favoriser la corruption. — Qu'on puisse s'assurer la majorité dans l'une, cela suffit, on peut négliger l'autre.

3.° Chaque assemblée sera privée d'une partie des lumières qu'elle auroit eues dans un état de réunion. Les mêmes raisons ne se présentent pas dans les deux Chambres avec la même force. Les arguments qui auront entraîné les suffrages dans l'une ne seront pas présentés dans l'autre. L'auteur d'une motion, qui a fait de son sujet une étude profonde, ne sera pas présent dans l'assemblée où l'on fait des objections contr'elle. La cause est jugée sans que la partie principale puisse être entendue (1).

4.° Cette division entraîne nécessairement d'inutiles longueurs. Deux assemblées ne sauroient s'occuper en même temps de la même affaire, au moins dans tous les cas où il y a des documents originaux à présenter, des témoins à entendre; de là double travail, double délai.

De telles assemblées ne sauroient exister sans avoir des prétentions opposées. Il y a des questions de compétence qui amènent des négo-

(1) Cet inconvénient ne va pas loin si les délibérations sont publiques et successives. Les raisons qui auront prévalu dans une assemblée seront connues dans l'autre.

ciations et souvent des ruptures. Leurs disputes de pouvoirs ou de prérogatives, outre leur inconvénient propre, outre la perte de temps, fourniront souvent des moyens pour les frapper toutes deux d'immobilité. C'est ce qu'on a vu sans cesse dans les anciens États-généraux de France. La cour entretenoit la désunion entre les ordres, les combattoit l'un par l'autre, et trouvoit toujours dans cette discorde un prétexte plausible pour les renvoyer.

5.° Le résultat final de cette division est d'opérer une distribution de pouvoirs qui donne à l'une des assemblées l'*initiative*, et réduit l'autre à une simple *négative*. Source naturelle et féconde d'oppositions indues, de querelles, d'inaction et de perpétuité des abus.

Tout tend à amener une répartition de cette nature. Deux assemblées indépendantes ne peuvent pas exister long-temps sans mesurer leurs forces. D'ailleurs ceux qui ont la conduite principale des affaires ne peuvent agir sans faire un plan, et sans s'assurer de leurs moyens. Il faut choisir une des deux assemblées pour y commencer les opérations : si l'une paroît avoir plus d'influence que l'autre, c'est là qu'on portera toutes les propositions essentielles. Cela seul suffit pour rompre entièrement la balance.

Il s'établira non par le droit, mais par le fait une distinction des deux puissances, l'une douée de l'initiative, et l'autre de la simple négative.

Or, à considérer l'intérêt personnel, seul motif sur lequel on doive toujours compter, celui du Corps qui est réduit à la négative sera de s'opposer à tout. Il ne montre son pouvoir qu'en rejetant. Il paroît nul quand il accepte. Jouer le premier rôle, c'est gouverner; jouer le second, c'est se laisser gouverner.

Dépourvu des motifs de gloire, ce Corps négatif se détache insensiblement de l'habitude des affaires : elles ne sont plus que des corvées. Il se réserve la partie la plus facile, celle de s'opposer à tout, excepté dans les cas où il craindroit de se compromettre avec l'opinion publique, et de perdre sa réputation par une résistance odieuse.

Voici maintenant les raisons qu'on peut alléguer en faveur de cette division (1).

Premier avantage. *Maturité de discussion.* Cette division est un moyen assuré de brider la précipitation et de prévenir les surprises.

Il est vrai que dans une assemblée unique,

---

(1) L'Auteur n'ayaut pas achevé son travail, j'ai tâché d'y suppléer en me conformant à ses vues..

on peut se donner des règlements qui prescrivent des examens multipliés selon l'importance des affaires, et c'est là ce qu'on voit dans la Chambre des Communes: trois lectures, trois discussions à différents intervalles : discussion d'un bill dans le comité, article par article : rapport du comité : examen de ce rapport : pétitions de tous ceux qui ont à faire valoir quelque intérêt : jour nommé pour considérer ces pétitions. C'est avec ces précautions générales et d'autres semblables, qu'on obvie au danger des surprises, et qu'on assure la maturité des délibérations.

Oui : mais une assemblée unique, eût-elle les meilleurs règlements, ne les observe qu'autant qu'il lui plaît. L'expérience a prouvé qu'elle s'en départ facilement, et que l'urgence des circonstances lui fournit un prétexte toujours prêt, et un prétexte populaire pour faire tout ce que veut le parti dominant. S'il y a deux assemblées, les formes seront observées, parce que si l'une venoit à les violer, elle donneroit à l'autre une raison légitime pour rejeter tout ce qui lui seroit présenté avec une innovation suspecte.

D'ailleurs, des discussions multipliées dans une assemblée unique ne présentent pas la même sécurité que celles qui passent par des Corps différents. La diversité des intérêts et des vues, des préjugés et des habitudes, est absolument nécessaire pour envisager les objets sous tous leurs rapports. Des hommes qui agissent long-temps ensemble contractent des liaisons et des manières de voir, un esprit de routine et de corps, qui a son correctif naturel dans une autre association.

On peut donc considérer une seconde assemblée comme un tribunal d'appel après un premier jugement.

Second avantage. *Restriction du pouvoir d'une assemblée unique.*

Une assemblée de députés élus par le peuple et amovibles, seroit par cela seul dans une dépendance qui la forceroit de consulter le vœu de ses commettants; mais en attendant un système absolument libre d'élection et d'amovibilité, en supposant ce système facile à établir et sans inconvénient, il n'en est pas moins vrai qu'une assemblée législative n'a qu'une responsabilité d'opinion, dont il ne peut résulter qu'une sécurité très-imparfaite contre l'abus de ses pouvoirs. Si vous avez deux assemblées différemment composées, l'une sert naturellement de frein à l'autre; le danger de la démagogie sera affoibli; le même individu ne sauroit guere exercer la même influence dans les deux Corps. Il y aura une émulation de crédit et de talents. La jalousie même d'une assemblée devient dans ce cas une sauvegarde contre les usurpations de l'autre, et la constitution est conservée par des passions qui agissent en sens contraire.

Troisième avantage. *Séparation de la Noblesse et des Communes.* S'il y a dans l'État des corps puissants et privilégiés, comme noblesse et clergé, il vaut mieux donner à leurs députés une assemblée séparée que de les confondre avec ceux du peuple dans une seule Chambre. Pourquoi? c'est qu'en premier lieu il est à craindre que si leur nombre n'étoit pas déterminé, ils n'obtinssent, par le crédit du rang ou de la fortune, une prépondérance considérable dans les élections; 2.° s'ils agissent séparément, toute la responsabilité de l'opinion pèse sur leur tête; ils ne peuvent pas ignorer que le public explique leur conduite par leurs intérêts personnels, et que le refus d'une loi populaire les expose à la sévérité du jugement de la nation entière. S'ils sont confondus avec les députés du peuple dans une assemblée unique, ils ont des moyens d'influence qui agissent à couvert, et leurs votes particuliers se cachent dans le vote général. 3.° Si dans un grand État, vous n'avez qu'une seule assemblée, elle sera trop nombreuse pour bien agir, ou l'on se trouvera réduit à ne donner au peuple qu'un nombre de députés trop insuffisant pour établir la confiance publique.

Des cinq objections qui ont été présentées contre la division du pouvoir législatif, la cinquième est sans contredit la plus forte. Il faut qu'une des deux assemblées devienne prépondérante, qu'elle ait l'initiative des affaires. Il ne reste à l autre dans la plupart des cas que la négative. Or il paroît assez absurde de créer un Corps de sénateurs ou de nobles, uniquement pour s'opposer aux vœux des députés du peuple. Mais dans cette manière de voir, on ne considère la chose que par ses abus; et l'on s'écarte en double sens de la vérité, en se fiant à une assemblée nommée *représentative* plus qu'on ne doit s'y fier, et en craignant une assemblée de nobles plus qu'elle n'est à craindre (1).

(1) Aux raisons que j'ai déjà données pour montrer que la Noblesse réunie dans une Chambre est moins à craindre qu'on ne le pense communément, il faut en ajouter une autre qui est tirée de son caractère.

La Noblesse est naturellement indolente; elle craint

On ne peut nier toutefois que la division du Corps Législatif, quelle que fût la composition des deux Chambres, n'apportât de grands obstacles à la réforme des abus. Un tel système est moins propre à créer qu'à conserver. Cela même montre combien il est convenable à une constitution établie. Le vaisseau de l'Etat assuré par ces deux ancres, possède une force de résistance contre les tempêtes qu'il ne pourroit obtenir par aucun autre moyen.

Mais si l'on étendoit la division du Corps Législatif jusqu'à trois ou quatre Chambres, on verroit naître de cette complication des inconvénients irrémédiables : non-seulement l'on multiplie ainsi les délais, les rivalités, les obstacles à toute espèce de perfectionnement, mais encore on donne au pouvoir exécutif le

---

les affaires comme les procès, parce qu'elle est peu exercée. En Angleterre même, la chambre des Pairs est extrêmement portée à négliger ses fonctions sénatoriales. Il faut la recruter fréquemment pour la maintenir en activité. Ce sont comme des Indous qui se laissent gouverner par des hommes transplantés d'un autre climat.

Ceux qui ont plus à perdre sont en conséquence plus timides. Leur rang les met plus en vue. Ils ne peuvent pas échapper dans la foule. S'ils se rendoient impopulaires, cette impopularité les suivroit partout.

moyen de tout arrêter par une influence majeure sur une seule Chambre, ou de réduire à rien la puissance d'une de ces assemblées, si le concours de deux autres décide de tout. Il en résulte une association inégale et frauduleuse où deux des associés n'ont qu'à se concerter pour ne laisser au troisième qu'un simulacre de pouvoir. C'est ainsi que la Noblesse et le Clergé en Danemarck avoient tenu les Communes dans un état de nullité presque absolue : et ce fut aussi par une réunion des Communes et du Clergé contre la Noblesse que les Etats furent anéantis et le pouvoir absolu transféré au Roi. La Sicile avoit aussi son Parlement où les deux Ordres supérieurs, toujours d'accord entr'eux contre le Tiers-Etat, l'avoient réduit à une existence purement nominale.

Pour revenir aux deux Chambres, si l'on demandoit quel bien a résulté en Angleterre de la Chambre des Lords, il ne seroit peut-être pas facile de citer des exemples de mauvaises lois qu'elle ait prévenues par sa négative; on pourroit même, au contraire, en citer de bonnes qu'elle a rejetées, et on pourroit conclure de là qu'elle est plus nuisible qu'utile. Mais cette conclusion ne seroit pas juste; car en examinant les effets d'une institution, il faut prendre en considération ce qu'elle opère, sans qu'on s'en aperçoive, par la simple faculté d'empêcher. On ne tente pas même de demander quand on est d'avance assuré d'être refusé. On ne fait pas des entreprises sans aucun espoir de succès. Une constitution devient stable, parce qu'il y a une puissance établie pour la protéger. Si l'on n'avoit aucune preuve positive du bien que fait la Chambre des Pairs, on auroit toujours à lui attribuer, en partie, la modération de la Chambre des Communes dans l'usage de son pouvoir, le respect qu'elle montre pour les limites de son autorité très-peu déterminées, et son assujettissement constant aux règles qu'elle s'est prescrites à elle-même.

Je me borne à faire ici une simple mention de plusieurs avantages collatéraux résultant de la Chambre Haute, tels que le relief qu'elle donne au Gouvernement aux yeux du peuple, la plus grande force des lois lorsque la Noblesse même a concouru à les sanctionner, l'émulation que la diversité des rangs répand dans les différentes classes de la société, l'avantage d'offrir à l'ambition une carrière fixe et précise, où une récompense légitime l'emporte sur tout ce qu'on pourroit se promettre des succès de la démagogie, et l'avantage plus grand encore de retenir la Noblesse dans des limites certaines, de ne la rendre héréditaire que dans la branche aînée, et de lier son intérêt avec l'intérêt général par une transfusion continuelle de ces familles nobles dans le corps de la Nation. Il n'y a pas de maison de Duc en Angleterre qui n'ait dans son sein un parti plus attaché par intérêt à la liberté des Communes qu'aux prérogatives de la Pairie. Voilà le principe de la stabilité. Chacun, dans ce bel ordre politique, craint plus de perdre ce qu'il possède qu'il n'aspire à ce qu'il n'a pas.

## CHAPITRE V.

### *INCONVÉNIENTS A ÉVITER.*

La Tactique des Assemblées délibérantes, ainsi que toute autre branche de la science du Gouvernement, doit se rapporter au plus grand bien de la société : voilà le but général. Mais son objet particulier est d'obvier aux inconvénients auxquels une Assemblée politique est exposée dans l'exercice de ses fonctions. Chaque règle de cette Tactique n'a sa raison justificative que dans *un mal à prévenir.* C'est donc de la connoissance distincte des maux qu'il faut procéder à la recherche des remèdes.

Ces inconvénients peuvent se ranger sous les dix chefs suivants :

1.° Inaction.
2.° Décision inutile.
3.° Indécision.
4.° Longueurs.
5.° Querelles.
6.° Surprise ou précipitation.
7.° Fluctuations dans les mesures.
8.° Faussetés.
9.° Décisions vicieuses par la forme.
10.° Décisions vicieuses par le fond.

Développons en peu de mots ces différents chefs.

1.° *Inaction.* Ceci suppose qu'il y a des points qui demandent une décision et qui ne la reçoivent pas, parce que l'Assemblée ne s'occupe de rien. Le défaut d'activité peut venir de plusieurs causes, par exemple, s'il n'y a pas des motifs suffisants pour vaincre l'indolence naturelle, — s'il n'y a point d'arrangement préétabli pour commencer l'ordre du travail, — si l'Assemblée est soumise à n'agir que sur des propositions présentées par le pouvoir exécutif. Il se peut aussi qu'on reste inactif, comme on l'a vu souvent dans les anciens Etats-Généraux de France, parce qu'il y a des préliminaires sur lesquels on n'est pas d'accord, des questions d'étiquette ou de préséance, des disputes de priorité pour les objets à discuter, etc.

2.° *Décision inutile.* C'est un mal non-seulement par la perte de temps, mais encore parce que toute décision inutile, en augmentant la masse des lois, rend leur ensemble plus obscur, plus difficile à retenir et à comprendre.

3.° *Indécision* (1). La mesure proposée est-

(1) J'entends par-là cet état d'irrésolution où l'on reste par rapport à des questions sur lesquelles il seroit convenable de prendre un parti.

elle mauvaise ? L'indécision n'est pas seulement du temps perdu, mais elle laisse subsister dans le public un état de crainte, — la crainte que cette mesure ne soit enfin adoptée.

S'agit-il d'une bonne mesure ? Le mal qu'elle eût fait cesser se prolonge, et la jouissance du bien est retardée, tant que l'indécision subsiste.

4.° *Longueurs.* Ce chef peut se confondre avec le précédent, mais quelquefois il en diffère. On peut avoir à se plaindre d'indécision dans des cas où il n'y a point eu de longueurs, comme si après une seule séance, on finit par ne rien faire. On peut avoir à se plaindre de longueurs dans des cas où on est arrivé à une décision. En matière de législation, l'indécision correspond au déni de justice dans l'ordre judiciaire. Les longueurs superflues dans les délibérations correspondent aux délais inutiles dans la procédure.

On peut ranger sous le chef des longueurs toutes les démarches vagues et inutiles, les préliminaires qui ne tendent pas à une décision, les questions mal posées ou présentées dans un mauvais ordre, les contestations personnelles, les conversations de bel esprit, amusements de l'arène et du théâtre.

5.° *Surprises. Précipitations.* Les surprises consistent à brusquer une décision, soit en profitant de l'absence d'un grand nombre, soit en ne laissant pas à l'Assemblée le temps et les moyens de s'éclairer. Le mal de la précipitation, c'est le danger qu'elle ne couvre une surprise, ou qu'elle ne donne un caractère suspect à une décision d'ailleurs salutaire.

6.° *Fluctuation dans les mesures.* Cet inconvénient pourroit se rapporter au chef des longueurs et du temps perdu; mais le mal qui en résulte est beaucoup plus grave. Les fluctuations tendent à diminuer la confiance dans la sagesse de l'Assemblée, et dans la durée des mesures qu'elle adopte.

7.° *Querelles.* Le temps perdu est ici le moindre mal. Les animosités, les personnalités dans les assemblées politiques produisent les dispositions les plus contraires à la recherche de la vérité, et n'ont même que trop de tendance à former des partis violents qui peuvent dégénérer en guerres civiles. L'histoire de Rome et celle de la Pologne en fournissent de nombreux exemples. Or la guerre n'est qu'un assemblage des actes les plus destructifs, et le mal d'une guerre civile est au moins celui d'une guerre étrangère doublé.

Mais avant d'arriver à un terme si fatal, les animosités dans les assemblées politiques substituent des objets tout-à-fait étrangers à ceux dont elles devroient s'occuper. Mille incidents, qui renaissent tous les jours, font négliger l'essentiel. Tous ceux qui y prennent part sont dans un état d'agitation et de souffrance ; une excessive défiance les trompe plus que ne feroit une extrême crédulité ; le résultat le plus sûr est une perte en honneur, une disgrâce pour l'une des parties intéressées dans la querelle, et souvent pour toutes les deux.

8.° *Faussetés.* Je place sous ce titre général tous les actes contraires à la plus parfaite vérité dans les procédés d'une assemblée politique. La bonne foi en doit être l'ame. Cette maxime ne sera pas contestée par ceux même qui l'observent le moins ; mais plus on s'éclairera sur les intérêts publics, plus on en sentira la justesse et l'importance.

9.° *Décision vicieuse par rédaction.* Une rédaction vicieuse est celle qui pèche non par le fond, mais par la forme ; celle qui n'exprime pas entièrement ou clairement ce que les législateurs paroissent avoir eu dans leur intention. Elle pèche *par excès*, si elle contient quelque chose de superflu. Elle pèche *par défaut*, si elle ne dit pas tout ce qui est nécessaire. Elle est *obscure*, si elle présente un mélange confus d'idées. Elle est *ambiguë*, si elle offre deux ou plusieurs sens, de manière que différents individus y trouvent des décisions opposées (1).

10.° *Décision vicieuse par le fonds.* Décision contraire à ce qu'elle devroit être pour répondre au bien de la société.

Tous les inconvénients énumérés ci-dessus viennent aboutir à celui-ci par des lignes plus ou moins directes.

Quand une Assemblée rend une décision indue ou nuisible, on doit supposer que cette décision représente faussement son vœu. Si l'Assemblée en effet est composée comme elle doit l'être, son vœu est de conformer ses décisions à l'utilité publique, et quand elle s'en écarte, c'est par l'une ou l'autre des causes suivantes.

1.° L'absence. Le vœu général de l'Assemblée, c'est le vœu de la majorité du nombre total de ses Membres. Mais plus il se trouve de ces Membres qui n'ont pas été présents à sa formation, plus il est douteux que le vœu énoncé comme général, le soit en effet.

---

(1) Je renvoie les lecteurs à ce qui a été dit sur le *style des lois*, dans les *Traités de législation*. T. 1, p. 341.

2.° Le défaut de liberté. S'il y a eu quelque contrainte exercée sur les suffrages, ils ont pu n'être pas conformes au vœu interne de ceux qui les donnent.

3.° La séduction. Si l'on a employé des moyens attrayants pour opérer sur la volonté des Membres, il se peut que le vœu qu'ils énoncent ne soit pas conforme au vœu de leur conscience.

4.° L'erreur. S'ils n'ont pas eu les moyens de s'éclairer, si on leur a présenté un faux exposé des choses, leur entendement est trompé, et le vœu qu'ils ont porté n'est pas celui qu'ils auroient rendu s'ils avoient été mieux informés.

Voilà donc les inconvénients auxquels une Assemblée politique peut être exposée depuis le commencement de ses opérations jusqu'à leurs derniers résultats; et le système de sa police approchera d'autant plus de la perfection, qu'il sera plus propre à les prévenir ou à les réduire à leur moindre terme.

Chaque article du règlement aura pour objet d'obvier à l'un ou à l'autre de ces inconvénients ou à plusieurs. Mais, outre l'avantage particulier qui doit résulter de chaque règle prise séparément, un bon système de tactique présentera un avantage général qui dépend de son ensemble. Plus il approchera de la perfection, plus il facilitera pour tous les coopérateurs l'exercice de leur intelligence, et la jouissance de leur liberté. C'est par-là qu'ils seront tout ce qu'ils peuvent être, qu'au lieu de s'affoiblir et de s'embarrasser par le nombre, ils se prêteront des secours mutuels, qu'ils pourront agir sans confusion, et s'avanceront, par une marche régulière, vers un but déterminé.

Toute cause de désordre tourne au profit d'une influence indue, et amène de loin la tyrannie ou l'anarchie, le despotisme ou le démagogisme. Les formes sont-elles vicieuses? l'Assemblée est gênée dans son action, toujours trop lente ou trop rapide, traînante dans les préliminaires, et précipitée dans les résultats. Il faut même qu'une partie des Membres se soumette à exister dans un état de nullité, et renonce à l'indépendance de ses opinions. Dès-lors il n'y a plus, à proprement parler, de Corps politique. Toutes les délibérations se préparent en secret par un petit nombre d'individus, qui peuvent devenir d'autant plus dangereux qu'en agissant sous le nom d'une Assemblée, ils n'ont point de responsabilité à craindre.

## CHAPITRE VI.

### *DU PRÉSIDENT.*

*Un Président — unique, — permanent, — toujours subordonné à l'assemblée, — n'y exerçant d'autres fonctions que celles de son office, — élu par elle seule, — amovible par elle seule,* — je vais développer et justifier ces différents points.

Je ne m'arrête pas à prouver qu'il faut un Président pour mettre l'assemblée en activité, poser la question, recueillir les votes, parler en son nom, et y maintenir l'ordre.

Il est de l'essence de toute assemblée délibérante de faire naître à chaque moment des contestations. Les règlements sont faits pour y obvier; mais quand les contestations s'élèvent, il faut une personne autorisée pour faire l'application des règlements, et terminer sur-le-champ des difficultés qui interromproient le cours des affaires, s'il falloit en appeler à l'assemblée même.

Ce Président doit être unique. S'il y en avoit deux, toutes les fois qu'il s'éleveroit quelque différence d'opinion entr'eux, point de décision.

Y en a-t-il plus de deux? voilà déjà une petite assemblée qui aura ses débats, et qui prolongera inutilement les affaires.

Ce Président unique doit être permanent,— non-seulement pour éviter les embarras des élections multipliées, mais surtout pour le bien de son office. Permanent, il aura plus d'expérience, il connoîtra mieux l'Assemblée, il sera plus au courant des affaires, et il se sentira plus intéressé à les bien conduire qu'un Président passager. Celui-ci, qu'il remplisse bien ou mal sa place, doit toujours la perdre. Le Président permanent, qui ne la perd qu'en la remplissant mal, a un motif de plus pour en accomplir tous les devoirs.

Craindroit-on qu'au moyen de cette permanence, il n'acquît trop d'ascendant? Mais plus cet ascendant seroit grand, plus il tourneroit au profit général, si d'ailleurs le règlement lui ôte tout moyen d'acquérir une influence indue sur l'ordre des motions, et sur la manière de recueillir les votes.

Mais comme il ne faut pas exposer une assemblée politique à tomber dans l'inaction par la maladie, la mort, l'absence volontaire ou nécessaire de son Président, il doit y avoir des Substituts nommés pour agir en sa place et se trouver prêts au moment du besoin. L'omission d'une précaution si simple et si importante annonce un degré d'imprévoyance dont on croiroit à peine les hommes capables, si on n'en avoit pas un exemple frappant dans une des plus grandes et des plus anciennes Assemblées politiques (1).

Toutes les fonctions qui appartiennent en propre à l'office du Président, lui appartiennent sous deux capacités, celle de *Juge* entre les Membres individuels, celle d'*Agent* de l'Assemblée : *Juge* quand il survient une contes-

---

(1) Des membres très-éclairés du Parlement Britannique, que j'ai consultés sur ce point, ne sont pas, en ceci, de l'avis de M. Bentham. Ils pensent qu'il y auroit beaucoup d'inconvénients à admettre des substituts. Des affaires infiniment multipliées et reprises à divers intervalles, seroient exposées à des irrégularités de formes, si elles passoient par différentes mains. Mais le plus grand danger seroit celui d'une diversité de décisions, d'où il résulteroit des antécédents contradictoires. Un seul juge conserve mieux l'uniformité des règles. — Il faut savoir, pour apprécier cette objection, que les règlements parlementaires ne sont point écrits, qu'ils n'existent que par tradition, et ne sont fondés que sur les *précédents* ou décisions antérieures ; ce qui les expose à varier. Cet inconvénient n'auroit pas lieu pour une assemblée qui auroit un règlement écrit.

tation à décider ; — *Agent* dans les autres opérations de son ministère (1).

Dans ces deux capacités, toutes ses décisions, toutes ses opérations doivent être subordonnées à la volonté de l'Assemblée, et subordonnées à l'instant même. L'Assemblée n'a d'autre motif pour s'en rapporter à lui que la supposition de sa conformité au vœu général. La décision du Président, si elle est ce qu'elle doit être, n'est rien de plus qu'une décision donnée pour l'Assemblée, en moins de temps qu'elle n'en mettroit à la donner elle-même.

J'ai dit que le Président ne devoit exercer dans l'Assemblée aucune autre fonction que celles qui appartiennent en propre à son office, c'est-à-dire qu'il ne doit pas avoir le droit de faire des motions, de délibérer, de voter.

Cette exclusion est tout à son avantage, comme à celui du Corps qu'il préside.

1.° On le laisse ainsi tout entier à ses fonctions, et à la culture des talents particuliers qu'elles exigent. S'il étoit appelé à soutenir le rôle et la réputation de Membre de l'Assemblée,

---

(1) Par exemple, poser la question ; déclarer le résultat des votes ; donner des ordres à des subalternes ; adresser des remercîments ou des remontrances à des individus, etc.

il seroit souvent distrait de son occupation principale, et il auroit une autre espèce d'ambition que celle de sa place, sans compter le danger de ne pas réussir ou de déplaire, et d'affoiblir sa considération personnelle par des prétentions mal soutenues.

2.° Cette exclusion est fondée sur une raison supérieure : il s'agit de le garantir des séductions de la partialité, de le mettre à l'abri du soupçon même, de ne point le montrer comme *partie*, au milieu des débats où il doit intervenir comme *Juge ;* de le laisser en possession de toute cette confiance qui, seule, peut assurer à ses décisions l'acquiescement de tous les partis.

On dira peut-être que le Président ne pouvant pas plus qu'un autre rester neutre et impartial dans des questions qui intéressent la Nation entière, obligé surtout, par son devoir même, de s'en occuper sans cesse, il vaudroit mieux lui donner un pouvoir qui l'oblige à se déclarer, à faire connoître ses vrais sentiments, et à mettre ainsi l'Assemblée sur ses gardes, que de le laisser jouir, sous un faux extérieur d'impartialité, d'une confiance qu'il ne mérite pas.

A cette objection, il y a plus d'une réponse. Premièrement, on ne sauroit nier que ses sentiments intimes, tant qu'ils n'influent pas sur sa conduite d'une manière indue, n'intéressent point l'Assemblee, mais qu'il ne peut les déclarer sans devenir moins agréable à un parti, sans s'exposer même à un soupçon de partialité, qui altère toujours plus ou moins la confiance.

Secondement, si vous lui permettez de rester impartial, il le sera plus facilement que tout autre. Il envisage les débats sous un autre point de vue que les débattants eux-mêmes. Son attention, principalement dirigée au maintien des formes et de l'ordre, est distraite du fond principal. Les idées qui occupent son esprit, durant la scène d'un débat, peuvent différer de celles qui occupent les acteurs, autant que les pensées d'un botaniste, à l'aspect d'un champ, peuvent différer de celles du propriétaire. L'habitude facilite beaucoup ces sortes d'abstractions. Si cela n'étoit pas, comment verroit-on des Juges pleins d'humanité fixer leur attention, avec une parfaite impartialité, sur un point de loi, pendant qu'une famille tremblante attend, sous leurs yeux, l'issue de leur jugement ?

Il résulte de ce qui précède que, dans une nombreuse Assemblée politique où l'on doit s'attendre à voir naître des passions et des animosités, il faut que celui qui est appelé à les modérer ne soit jamais dans la nécessité de s'enrôler sous les bannières d'un parti, de se faire des amis et des ennemis, de passer du rôle de combattant à celui d'arbitre, et de compromettre, par des fonctions opposées, le respect dû à son caractère public.

Il est des Assemblées qui n'ont donné un suffrage au Président que dans le cas où les voix se trouveroient égales. Ce droit seroit bien plus contraire à l'impartialité que celui de voter dans tous les cas, et il n'y a point de raison à alléguer en sa faveur. Le parti le plus simple et le plus naturel à prendre, en cas d'égalité, c'est d'envisager la proposition qui n'a pas eu la majorité des suffrages comme tombée. En matière d'élection, il vaudroit mieux s'en remettre au sort que de donner la voix prépondérante au Président. Le sort n'offense personne.

Ce qui me reste à dire sur le choix du Président se réduit à peu de mots. Il faut qu'il soit élu par l'Assemblée, exclusivement par elle, à la majorité absolue, et au scrutin. Il faut de même qu'il soit amovible par elle seule.

Tout cela découle du même principe. Nul ne doit remplir cette place que celui qui possède la confiance de l'Assemblée, et qui la possède dans un degré supérieur à tout autre. Tout le bien qu'il peut faire est en proportion de cette confiance.

Mais il ne suffit pas qu'il ait possédé une fois la confiance, il faut qu'il la possède continuellement. Si elle cesse, l'utilité de l'office cesse de même. Sans le pouvoir de destituer, le pouvoir d'élire seroit pis qu'inutile; car le plus odieux des ennemis, c'est un ami infidelle. S'il falloit séparer ces deux pouvoirs, celui de destituer seroit bien préférable à celui d'élire.

Ces règles sont particulièrement convenables à de nombreuses Assemblées, à des Corps législatifs. Des Comités, des Bureaux de législation, des Cours de justice, n'auroient pas les mêmes raisons pour ôter au Président le droit de délibérer, de voter ou de départager les suffrages.

Une assemblée temporaire, unie pour un objet occasionnel, n'a point les mêmes motifs qu'une assemblée législative pour se nommer son Président. Le danger de l'élection est de perdre un temps considérable en disputes qui ne font que retarder l'objet pour lequel on est convoqué. Dans les assemblées de Comté en Angleterre, on laisse présider le Shérif, Officier public nommé par le Roi. L'avantage de choisir un Président est inférieur à celui de la tranquillité, et de l'expédition des affaires.

Le règlement de la Présidence, tel qu'on le propose ici, paroît si simple et si convenable, qu'il est naturel de penser qu'il a dû se présenter de lui-même à toutes les Assemblées politiques.

Mais si nous passions à considérer ce qui s'est pratiqué chez les différentes Nations, nous verrions que ces règles ont été presque partout méconnues. Le système Anglais, qui en approche le plus, en diffère dans un point essentiel. Il permet au Président de délibérer et de voter. Tous les établissements ont commencé dans des temps d'ignorance : les premières institutions n'ont pu être que des essais plus ou moins défectueux ; et quand l'expérience fait sentir les inconvénients, l'esprit de routine s'oppose aux réformes, et de plus il empêche de remonter aux véritables causes du mal.

## CHAPITRE VII.

### *DE L'INITIATIVE D'OBLIGATION, ET DU DROIT DE PROPOSER COMMUN A TOUS.*

Il doit y avoir dans toute Assemblée un individu qui soit chargé officiellement de l'*initiative*, c'est-à-dire chargé de commencer les opérations et de proposer des mesures : car si aucun Membre en particulier n'étoit tenu d'avoir un plan, il se pourroit qu'il n'y en eût point, et qu'on restât dans l'inaction.

Il faut non-seulement un projet à chaque occasion, mais il faut une suite, une liaison entre les projets. Il ne suffit pas de pourvoir à la première séance, il faut pourvoir à toute la session. Il doit y avoir un plan général qui embrasse toutes les opérations compétentes, qui les dispose dans le meilleur ordre, et les conduise à leur fin.

Cette initiative d'obligation doit naturellement appartenir à celui qui a convoqué l'Assemblée, et qui connoît le mieux les besoins de l'État. La distribution générale des travaux est du ressort de l'Administration. Les Ministres proposent, l'Assemblée délibère et résout.

Mais le droit d'initiative ne doit pas être exclusivement le privilége du pouvoir exécutif. Chaque Membre doit le posséder également. Ceci est fondé sur trois raisons principales.

1.° *L'avantage de tourner au profit commun l'intelligence de toute l'Assemblée.* Il y a autant de chance d'obtenir le meilleur avis de la part des uns que de la part des autres. Limiter le droit de proposer, c'est renoncer à tout ce qu'on pourroit attendre de la part de ceux qui en sont exclus ; c'est instituer un monopole nuisible sous tous les rapports, soit parce qu'il éteint l'émulation de ceux qu'on réduit à un rôle purement négatif, soit parce qu'il peut retenir les plus grands talents dans l'inaction. Les hommes les plus intelligents et les plus capables peuvent, dans ce régime exclusif, être enchaînés par ceux qui leur sont bien inférieurs en génie ou en connoissances.

2.° *La faculté de réformer les abus.* Si le droit de proposer n'appartenoit qu'à l'Administration, les abus qui lui sont favorables pourroient être perpétuels : l'Assemblée n'auroit aucun moyen direct de les faire cesser. Ce seroit donner au Gouvernement l'espèce de négative la plus commode contre toutes les mesures qui pourroient lui déplaire, une négative sans éclat et sans débats (1).

3.° *Le danger du droit négatif, quand il existe seul.* L'Assemblée qui seroit réduite, par cet arrangement, au seul pouvoir de rejeter, pourroit être tentée d'en abuser, c'est-à-dire de rejeter de bonnes mesures, soit par un sentiment d'orgueil, pour ne pas paroître nulle, pour faire un acte d'autorité, — soit pour forcer la main du Gouvernement, et l'amener à céder un point pour en obtenir un autre; car le droit de refuser peut se convertir en arme offensive, on peut en faire un moyen positif de contrainte. Ainsi, un pareil système, au lieu de produire l'harmonie, pourroit bien ne tendre qu'à la discorde, et nécessiter, de la part de l'Assemblée, une conduite artificieuse contre le pouvoir exécutif.

Mais, dira-t-on, si la direction des affaires

---

(1) Dans les anciens temps, le Parlement d'Écosse étoit soumis, dans l'ordre de son travail, à un comité nommé par le Roi. Les *Lords des articles* avoient seuls l'initiative de toutes les mesures. Ils préparoient d'avance tout ce qui devoit être présenté à l'assemblée, et par conséquent ils avoient une négative absolue bien plus puissante que celle qui auroit eu lieu après le débat. Voyez Robertson. Histoire d'Écosse. L. 1. Règne de Jaques V.

doit être confiée aux Officiers du pouvoir exécutif, si c'est à eux à proposer les mesures que les besoins de l'État exigent, comment cela peut-il s'accorder avec le désir qu'auroient tous les Membres de faire des propositions? car ce droit, pour être efficace, suppose que l'Assemblée a le pouvoir de s'en occuper. Or, si elle s'en occupe, voilà le plan ministériel sujet à être interrompu par des motions incohérentes, et même entièrement bouleversé. Il n'y a plus de marche régulière, et il peut en résulter une confusion générale dans le Gouvernement.

Je ne puis répondre à cette objection qu'en supposant dans l'Assemblée une disposition habituelle à laisser aux Ministres l'exercice ordinaire du droit de proposer. Elle conservera ce privilége à tous ses Membres indistinctement, mais elle accordera la priorité, par une convention tacite, aux propositions ministérielles.

C'est ici qu'il faut observer la conduite du Parlement Britannique. Dans le cours ordinaire des choses, tous les yeux sont fixés sur le Ministre. Soit qu'il présente un plan, soit qu'il parle pour le soutenir, il est écouté avec un degré d'attention qui n'appartient qu'à lui. Par un consentement général, quoique tacite, les affaires importantes ne commencent point avant qu'il arrive. C'est lui qui propose toutes les grandes mesures : ses antagonistes se bornent à les attaquer. En un mot, il est le directeur, le moteur en chef, le personnage principal.

Cependant il n'a pas, de droit, la plus légère prééminence : il n'est aucune règle qui assure à ses motions la préférence sur celles de tout autre; aucune règle qui lui donne la priorité de la parole. C'est une disposition qui n'existe qu'en vertu de sa convenance et de son utilité ; c'est le résultat de l'expérience et de la réflexion. Pendant que le Ministre possède la confiance de la majorité, il est sûr de conserver ce privilége de l'initiative : vient-il à perdre cette confiance, il ne peut plus rester dans le Ministère ; il est forcé de céder sa place à un autre.

Je ne puis me dispenser de relever ici une erreur populaire dans tous les sens de ce mot, tant par le peu de réflexion qu'elle décèle, que par le nombre de ceux qui l'adoptent. Cette erreur consiste à conclure qu'une Assemblée comme celle des Communes est corrompue de cela seul que, dans sa marche ordinaire, elle est conduite par les Ministres. Cette prétendue preuve de la corruption ou de l'asservissement de cette Assemblée est, au contraire, la preuve réelle de sa liberté et de sa force. Pourquoi le Ministre conduit-il toujours le Parlement? C'est qu'à moins de pouvoir le conduire, il ne peut plus être Ministre. La conservation de sa place dépend de la durée de son crédit auprès du Corps Législatif. Qu'on suppose à tous les Membres de l'Assemblée l'indépendance la plus héroïque, et qu'on dise comment, à cet égard, les choses peuvent aller mieux qu'elles ne vont.

## *Note sur la présence des Ministres dans l'Assemblée.*

M.r Bentham n'a pas insisté sur la nécessité de la *présence* des Ministres dans l'Assemblée Législative, parce qu'il l'a supposée comme une règle admise et nécessaire, d'après l'usage immuable du Parlement Britannique, où il n'est jamais venu dans l'esprit de personne de les en exclurre.

Cette idée, vraiment anarchique, prévaloit tellement en France, à l'époque des États-Généraux, que les Ministres qui les convoquérent ne pensèrent pas même à s'y placer; ils ne prirent l'initiative sur rien, ils abandonnèrent l'Assemblée à elle-même, sans aucun plan, sans aucun travail préparé, se tenant en-dehors de tout, comme pour soumettre l'autorité royale à ne recevoir que des ordres du vainqueur. C'étoit déjà une abdication virtuelle.

Les hommes judicieux, qui étoient en grand nombre dans cette Assemblée, quoiqu'ils ne fussent pas la majorité, s'aperçurent bientôt des inconvéniens de ce manque de connexion entre le Corps Législatif et le Pouvoir Exécutif. Il y avoit peu de séances qui ne fournît des preuves de ce désaccord. Un journal qui se publioit sous le nom du Comte de Mirabeau, (quoiqu'il n'eût aucune part à sa composition,) dès le mois de septembre 1807, mit dans le plus grand jour la nécessité de les faire marcher de concert, en donnant aux Ministres séance et voix consultative dans l'Assemblée. La citation de ce passage n'est point étrangère ici. (Courrier de Provence, N.° 41.)

« En vain une politique étroite et soupçonneuse prétendoit-elle que l'indépendance du Corps Législatif
» souffriroit de cette réunion dont un Etat voisin offre
» l'exemple, et dont les bons effets sont prouvés par
» l'expérience. En vain l'opiniâtre et présomptueuse
» ignorance de quelques hommes rejette-t-elle toute
» induction tirée de la constitution de ce peuple que
» notre esclavage nous fit si long-temps envier, et que
» notre sottise méprise aujourd'hui. Jusqu'à ce que
» notre constitution ait subi l'épreuve du temps, les
» hommes sages admireront toujours dans cette An-
» gleterre des résultats-pratiques supérieurs aux su-
» blimes théories de nos Utopiens : ils ne cesseront
» de penser qu'une correspondance directe et jour-
» nalière entre les Ministres et le Corps Législatif,
» telle qu'elle a lieu dans le Parlement Britannique,
» est non-seulement juste et utile, mais nécessaire et
» sans inconvénient.

» Elle est *juste*. Les Ministres sont citoyens comme

» les autres Français; et s'ils ont le vœu des Bailliages, on ne sauroit voir pourquoi l'entrée de l'Assemblée Nationale leur seroit fermée.

» Elle est *utile*. Le Corps Législatif s'occupe des mêmes objets que le Pouvoir Exécutif; toute la différence consiste en ce que l'un *veut* et que l'autre *agit*. On ne sauroit attendre de la législature des résultats sages, adaptés aux criconstances, tant qu'elle ne s'aidera pas des lumières que l'expérience, l'habitude des affaires, et la connoissance des difficultés fournissent continuellement au Pouvoir Exécutif.

» Cette correspondance paroîtra surtout *nécessaire*, si l'on fait attention à l'excessive diversité des objets qui èntrent dans la législation, au caractère national, à l'impatiente ardeur qui nous dévore pour mettre en avant nos idées, pour opérer sous le nom d'améliorations des changements dans la partie qui nous est connue, sans trop nous soucier des rapports qu'elle peut avoir avec celle que nous ne connoissons pas, à l'effrayante activité que cette disposition recevra de la composition de l'Assemblée, et de son renouvellement biennal.

» Les *inconvénients* ne nous frappent point. De quelque manière qu'on les exprime, ils reviennent tous à ces deux mots: influence royale, influence ministérielle..... Vains fantômes avec lesquels on effraie les esprits foibles, mais qui ne doivent point détourner des hommes raisonnables d'une mesure nécessaire. Sans doute l'influence, soit royale, soit ministérielle, est à craindre; mais c'est lorsqu'elle èst indirecte, lorsqu'elle agit dans l'ombre, lors-

» qu'elle mine sourdement, et non quand elle se mon-
» tre à découvert dans une Assemblée où chacun parle
» en liberté, où chacun discute, où le Ministre le plus
» éloquent et le plus adroit peut trouver son supérieur
» ou du moins son égal.

» La voie des Comités, à laquelle l'Assemblée a été
» forcée de recourir pour correspondre avec les Mi-
» nistres, est nécessairement vicieuse, outre qu'elle
» fournit à l'influence ministérielle des développements
» plus sûrs, des armes que rien ne peut combattre.
» Elle tend à tirer en longueur les arrangements les
» plus simples, et souvent les plus provisionnels. Elle
» ne pourvoit d'ailleurs qu'imparfaitement à l'instruc-
» tion de l'Assemblée. — Que de choses un Comité
» n'osera jamais demander au Ministre, et que ce Mi-
» nistre n'oseroit pas refuser dans l'Assemblée, même
» sur la réclamation d'un seul Membre ? Enfin, ces
» Comités ne sont jamais établis que pour des objets
» isolés, et il n'y a point de séance de l'Assemblée où
» la présence, sinon de tous les Ministres, au moins
» de quelqu'un d'eux, ne fût indispensable.

» Qu'on se figure une séance où les Ministres sié-
» geroient à leur place comme tout autre Député, où
» ils donneroient leurs avis, fourniroient leurs éclair-
» cissements; où ces avis, ces éclaircissements seroient
» débattus par eux et avec eux. Une telle séance ne
» seroit-elle pas tout à-la-fois plus utile à l'Assemblée,
» plus fructueuse pour la chose publique, que vingt
» séances où les Ministres n'auroient point assisté, et
» où, faute d'information nécessaire, l'Assemblée au-
» rait pu commettre quelqu'une de ces erreurs qui dis-
» créditent toujours la législation aux yeux du peuple.

» Qu'on se figure enfin quelle révolution produiroit » dans les esprits cette habitude que contracteroient » les Ministres, de déposer leur morgue viziriale dans » l'Assemblée de la Nation, d'y exposer non-seule- » ment leurs principes politiques, mais leur vrai ca- » ractère, et jusqu'à leurs défauts; d'abjurer enfin cette » étiquette, ces réserves astucieuses qui si long-temps » composèrent tout l'art ministériel, pour revêtir les » formes candides, franches et loyales des États Ré- » publicains. »

Les Ministres, n'étant pas admis à siéger dans l'Assemblée, furent réduits à un rôle aussi singulier que dangereux. Recevant des décrets et des masses de décrets pour être soumis à la sanction royale, ils furent dans la nécessité de suspendre cette sanction dans plusieurs circonstances, et de présenter à l'Assemblée des mémoires, des notes, des observations, des remontrances où ils sollicitoient des explications et des modifications dans ces décrets. Il falloit, dans un tel conflict, ou que la dignité royale fût compromise, ou que l'Assemblée Nationale fît l'aveu d'une erreur. Mais un Corps Législatif ne se soumet guère à recevoir des leçons; et les Ministres étoient souvent mandés à la barre et réprimandés pour avoir osé remplir le premier devoir de leur place.

Le 6 novembre 1789 (Courrier de Provence, N.° 45), M.r de Mirabeau fit une motion expresse pour donner aux Ministres une voix consultative, et requérir leur présence dans l'Assemblée. Ses arguments étoient les mêmes que ceux que nous venons de citer, en y joignant toutes les insinuations oratoires qui pouvoient flatter l'orgueil de ceux qu'il vouloit convaincre.

« Dira-t-on que l'Assemblée nationale n'ait nul besoin d'être informée par les Ministres ? Mais où se réunissent d'abord les faits qui constituent l'expérience du Gouvernement ? N'est-ce pas dans les mains des agens du Pouvoir exécutif? Peut-on dire que ceux-ci qui exécutent les lois, n'aient rien à faire observer à ceux qui les projettent et qui les déterminent? Les exécuteurs de toutes les transactions relatives à la chose publique, tant intérieures qu'extérieures, ne sont-ils pas comme un répertoire qu'un Représentant actif de la Nation doit sans cesse consulter ? Et où se fera cette consultation avec plus d'avantage pour la Nation, si ce n'est en présence de l'Assemblée? Hors de l'Assemblée, le consultant n'est plus qu'un individu auquel le Ministre peut répondre ce qu'il veut, et même ne faire aucune réponse. L'interrogera-t-on par décret de l'Assemblée? Mais alors on s'expose à des délais, à des lenteurs, à des tergiversations, à des réponses obscures, à la nécessité, enfin, de multiplier les décrets, les chocs, les mécontentements, pour arriver à des éclaircissements qui, n'étant pas donnés de bon gré, resteront toujours incertains. Tous ces inconvénients se dissipent par la présence des Ministres. Quand il s'agira de rendre compte de la perception et de l'emploi des revenus, peut-on mettre en comparaison un examen fait en l'absence du Ministre, avec un examen qui sera fait sous ses yeux? S'il est absent, chaque question qu'il paroîtra nécessaire de lui adresser, deviendra l'objet d'un débat; tandis que dans l'Assemblée, la question s'adresse à l'instant même au Ministre par le Membre qui la conçoit. Si le Ministre s'embarrasse dans ses réponses, s'il est coupable, il ne peut échapper à tant de regards fixés sur lui; et la crainte de cette redoutable inquisition prévient bien mieux les malversations, que toutes les précautions dont on pourroit entourer un Ministre qui n'a jamais à répondre dans l'Assemblée. Où les Ministres pourront-ils combattre avec moins de succès la liberté du peuple ? Où proposeront-ils avec moins d'inconvénients leurs objections sur les actes de législation ? Où leurs préjugés, leurs erreurs, leur ambition, seront-ils dévoilés avec plus d'énergie ? Où contribueront-ils mieux à la stabilité des décrets ? Où s'engageront-ils avec plus de solennité à leur exécution ? N'est-ce pas dans l'Assemblée nationale ? »

Les objections furent toutes tirées de la crainte de l'influence ministérielle. On eût dit que ces hommes qui venoient de faire une révolution, alloient tous devenir tremblants et timides, s'ils avoient à parler en présence d'un Ministre du Roi. M. de Noailles fit un tableau burlesque du Parlement Britannique, où il représenta le Chancelier de l'Échiquier, au milieu de la troupe qu'il a enrôlée, distribuant les fonctions, assignant les postes, prescrivant la parole ou le silence, observant de l'œil qui l'on doit récompenser, qui l'on doit punir, dirigeant à son gré toutes les évolutions de sa bande mercenaire.

L'un des Membres les plus distingués, M. de Clermont-Tonnerre, fit un dernier effort pour soutenir la motion du Comte de Mirabeau. « On oppose à l'admission des Ministres le nom de *liberté* : mais il ne faut pas regarder le Pouvoir exécutif comme l'ennemi de la liberté nationale. Je ne vois que des avantages à admettre les Ministres dans l'Assemblée, avec voix consultative (car la voix délibérative n'appartient qu'à ceux qui la tiennent de leurs commettants). Nous avons gémi longtemps sous des ministres ineptes, qui sont le fléau le plus humiliant pour une nation : mais des Ministres ineptes, appelés à soutenir l'épreuve et l'éclat des délibérations publiques, seront chassés dans quatre jours. Leurs palais sont les asyles de leur ignorance ; ils ont là mille moyens d'en imposer et d'échapper aux regards des citoyens : ils sont entourés de flatteurs, de commis, de protégés qui se croient honorés d'un coup-d'œil : mais au milieu de l'Assemblée nationale, ils verront des hommes ; ils seront forcés de savoir et de faire eux-mêmes leur métier de ministres : s'ils ont des talents et des vertus, ils ne sont point à craindre ; s'ils ont des talents et des vices, ils seront démasqués ici par des talents égaux. Quant aux brigues, à l'influence, aux traités secrets, tout ce trafic honteux est dangereux dans l'Assemblée et dans le silence du cabinet. Le mal qu'on ne voit pas est toujours le plus funeste. La présence des Ministres, loin d'ajouter à ce danger, le diminue. »

Un Député Breton proposa une motion directement contraire ; non content que celle de Mirabeau eût été rejetée, il demanda qu'aucun Membre de l'Assemblée ne pût parvenir au ministère durant la présente session. Le bruit s'étoit répandu que le Roi vouloit appeler M.^r de Mirabeau dans son Conseil ; et la question, de politique qu'elle étoit d'abord, étoit devenue purement personnelle. On peut voir, dans le Courrier de Provence, la réponse que fit le Député d'Aix au Député Breton. C'est un modèle d'esprit, de raison, de sarcasme ; mais les passions étoient enflammées, et l'exclusion fut prononcée.

Je me suis permis cette longue digression, parce qu'il m'a paru nécessaire de mettre, dans le plus grand jour, la faute essentielle de l'Assemblée Nationale, et de la constitution qu'elle donna au peuple français, — le défaut de concert entre le Pouvoir Exécutif et le Pouvoir Législatif. On ne sauroit trop insister sur la nécessité de mettre l'initiative habituelle des opérations entre les mains du ministère. Ceux qui ne comprennent pas cette nécessité, n'entendent rien à la véritable Tactique d'une Assemblée politique, et ne sont que des ouvriers d'anarchie.

## CHAPITRE VIII.

### *DES DIVERS ACTES QUI ENTRENT DANS LA FORMATION D'UN DÉCRET.*

CEUX qui ne jettent qu'un regard superficiel sur une Assemblée politique, peuvent penser qu'il n'y a rien de plus simple qu'une *motion*, un *débat*, un *décret*. Est-ce là l'objet d'une science ou d'un art? Les affaires communes de la vie nous appellent tous à proposer, à délibérer, à décider. Il n'y a guère de notions plus familières que celles-là.

Oui : ces opérations sont faciles à concevoir, mais elles sont difficiles à décrire. Il en est des actes de l'esprit comme des mouvements du corps. Mouvoir le bras est l'affaire d'un instant : pour expliquer ce mouvement, pour décrire les muscles qui l'opèrent, combien de connoissances anatomiques ne faut-il pas?

Suivons la formation d'un *décret*. L'ouvrage qui lui sert de base est un simple projet proposé par un individu. Quand il présente ce projet à l'Assemblée selon les formes prescrites, il fait ce qu'on appelle une *motion*.

La motion *originaire* étant faite, toutes les motions postérieures qui s'y rapportent ne peuvent avoir que l'un ou l'autre de ces deux objets : l'*amender* ou la *supprimer*.

De là deux sortes de motions secondaires.

Motions *émendatoires*.

Motions *suppressives*.

Ceux qui proposent de modifier la motion originaire considèrent ces modifications comme des *amendements*, c'est-à-dire comme des améliorations ou des corrections.

J'entends par motions suppressives, toutes celles qui tendent directement ou indirectement à faire rejeter la motion originaire, comme de demander la priorité en faveur de quelqu'autre motion, ou de proposer un ajournement pour un temps indéterminé, etc.

Pour produire un décret, il n'y a que trois actes absolument nécessaires : 1.° faire une motion, 2.° voter, 3.° déclarer le résultat des votes.

Mais, avant d'arriver à la conclusion, il y a, dans le cours ordinaire des choses, bien des degrés ou des actes intermédiaires par lesquels il faut passer.

Les voici dans leur ordre chronologique.

1. Promulguer d'avance les motions, les projets de loi, les amendements.

2. Faire la motion qui expose le projet.

3. Occasionnellement, en ordonner l'impression et la publication.

4. Seconder la motion.

5. Délibérer.

6. Poser la question.

7. Voter sommairement.

8. Déclarer le résultat de la votation sommaire.

9. Diviser l'Assemblée; c'est-à-dire, demander la votation distincte.

10. Recueillir les votes régulièrement.

11. Déclarer le résultat.

12. Enregistrer tous ces procédés (1).

---

(1) *Décret, arrêté, résolution.* Ces trois mots sont souvent employés comme synonymes pour désigner l'acte définitif de l'Assemblée. Ils présentent le même sens intellectuel, mais ils sont dérivés de différents types physiques.

Quand on dit *arrêté*, on s'est peint les idées comme flottantes ou comme passant en succession dans l'esprit: il en choisit une, et s'y *arrête*. *Décret* offre à peu près la même idée: on a vu et considéré divers objets, on a discerné celui qu'on juge le meilleur, et on s'y fixe.

Quand on dit *résolution*, on s'est représenté une question comme un nœud à délier.

Ceci est un exemple de la manière dont on pourroit expliquer les termes fondamentaux d'une science par l'étymologie. On remonte à l'archétype, au premier type physique, à l'image qui a servi de modèle pour imposer des noms aux choses intellectuelles. Ce travail seroit très-propre à entrer dans la composition d'un dictionnaire.

Les Français se servent très-souvent du mot *délibération*, comme synonyme de *décret*. En voici la preuve dans l'acte constitutionnel de 1795. *Chaque Conseil pourra se former en Comité général et secret, mais seulement pour discuter et non pour délibérer.* C'est un contresens grammatical. Qui délibère est indécis. Tant que la délibération continue, il n'y a point de résolution prise, point d'acte commun, point d'arrêté produit. Le type de *délibération* est *librare*, tenir en balance.

*Amendement* vient du latin *menda*, faute. Amender, c'est ôter une faute.

*Motion* est un terme générique pour exprimer toutes les propositions soumises à l'Assemblée. Le mot avoit été adopté en France; mais les souvenirs révolutionnaires l'ont rendu odieux, et l'ont fait bannir. Un scrupule de cette nature n'a pas dû m'empêcher de me servir d'un mot technique, usité en Angleterre, et beaucoup plus propre à exprimer ce qu'on veut dire que *proposition*. Mais il faut observer qu'on auroit besoin d'un terme particulier pour désigner les *projets de loi*. La langue française n'en a point. On avoit essayé d'introduire le mot anglais *bill*, qui n'a pas réussi, quoiqu'il fût très-propre à devenir technique. Le mot est dérivé par contraction du vieux mot latin *libellula*, diminutif de *liber*, un livre. Ce qui rend cette distinction nécessaire, c'est que les *projets de loi* étant par leur nature d'une importance supérieure à la plupart des motions, requièrent des précautions plus grandes, soit dans leur promulgation antérieure au débat, soit dans les divers degrés de discussion auxquels il convient de les soumettre.

# CHAPITRE IX.

## *PROMULGATION DES MOTIONS — DES BILLS DES AMENDEMENTS. ORDRE DU TRAVAIL.*

Il faut que l'Assemblée ait d'avance sous les yeux le tableau de ses occupations, pour qu'elle ne dépende point du hasard, et ne soit point exposée à des surprises. Il faut qu'elle impose à tous ceux qui veulent lui présenter des motions la nécessité de les préparer avec soin, et de les faire connoître. Une discussion dont l'objet sera connu d'avance sera plus réfléchie et plus courte ; les raisons pour et contre auront été méditées ; les débattants auront pris leur poste et mesuré leurs forces.

Leur règlement peut accomplir cet objet par une seule mesure. Le secrétaire ouvrira trois registres distincts pour les motions, les *bills* (1) et les amendements. Chaque Membre pourra lui présenter une motion pour la faire enregistrer : et toutes les motions, après avoir été imprimées dans un journal qui n'aura que cet objet, viendront devant l'Assemblée, selon

(1) *Bill*, terme technique : projet de loi.

l'ordre de leur enregistrement, sous la réserve dont nous parlerons bientôt.

Le journal des motions étant publié jour à jour, ceux qui ont à proposer des amendements seront tenus de les faire connoître d'avance, en les présentant au secrétaire qui les transcrira dans son registre, et les fera de même imprimer dans le journal des amendements.

On suivra la même marche par rapport aux bills; ils seront insérés dans un registre à part, dans l'ordre de leur présentation, mais ils ne viendront dans l'Assemblée que trois mois après leur inscription, à moins d'une délibération expresse pour hâter ce terme.

Telle sera la base de l'arrangement pour le tableau des occupations, pour ce qu'on appelle l'*ordre du jour*.

Mais cet ordre inflexible des motions et des bills, cet arrangement fondé sur la seule circonstance d'un enregistrement antérieur, d'une priorité accidentelle, seroit sujet aux plus graves inconvénients : il pourroit être destructif du véritable ordre, celui qui tient à la suite, à la liaison des matières; il seroit incompatible avec la liberté de l'Assemblée. De ce qu'une motion a été placée sur la liste avant une autre, il ne s'ensuit point qu'elle mérite la préférence. La dernière en date peut être la première en importance.

Il seroit même impraticable de soumettre toutes les motions à la clause absolue d'un enregistrement préalable. Des incidents inattendus demandent des mesures soudaines : et, dans le cours d'une discussion, une affaire prend une autre face ; un changement dans une partie d'un projet nécessite une altération dans une autre. Il faut qu'une brêche imprévue puisse être réparée par un expédient subit.

Voici donc à quoi se réduit l'influence de la *liste des motions :* elle servira de guide pour la marche ordinaire des débats, elle offrira le tableau général des travaux, mais elle ne gênera point la liberté de l'Assemblée qui pourra toujours accélérer telle ou telle motion, ou en recevoir de nouvelles qui n'étoient point enregistrées.

Ce que nous avons dit des motions s'applique également aux bills ; mais un bill admet beaucoup plus de délai qu'une motion, et ce n'est pas trop en général que trois mois d'intervalle entre l'enregistrement d'un bill et sa présentation à l'Assemblée. Si on a pu se passer d'une loi pendant des siècles, comment ne pourroit-on pas s'en passer encore trois mois de plus ? D'ailleurs, dès qu'il s'agit d'une loi, la totalité de la nation y est plus ou moins intéressée : l'objet en est permanent ; il importe qu'il soit connu du public, et qu'on ait pu rassembler toutes les informations des différentes parties du Royaume, à moins qu'on ne prétende que les députés, par une concentration miraculeuse, ne possèdent tout le jugement et tout le savoir de la nation entière et du monde même. Les lois doivent être fondées sur des faits, et, en tant que les faits sont particuliers, on ne peut les recueillir qu'en laissant aux parties intéressées le temps nécessaire pour les présenter aux législateurs.

Mais, pour les bills comme pour les motions, il ne faut point de règle inflexible : il faut laisser une latitude pour les cas imprévus, et surtout en faveur de l'Administration chargée de pourvoir aux circonstances urgentes. Si, après un soulèvement ou à la veille d'une invasion, il falloit trois mois d'intervalle pour introduire un bill, le mal pourroit être à son comble avant qu'on eût pu songer au remède. Ce seroit faire jouer les pompes après l'incendie.

On m'observera que dans le plan que je propose, chaque Membre auroit le droit d'introduire un bill ; au lieu que dans le Parlement d'Angleterre, on ne peut introduire un bill qu'avec la permission de la Chambre, usage très-convenable pour ne pas consumer le temps sur des projets de lois dangereux ou frivoles. Mais quand un Membre fait une motion pour introduire un bill, il faut que la Chambre s'en occupe pour l'accepter ou la rejeter. Or ce pouvoir qu'elle exerce maintenant sur la motion, je propose qu'on l'exerce sur le bill même au moment où il sera présenté, c'est-à-dire, que l'Assemblée décidera si elle veut s'en occuper ou non; mais elle décidera avec une plus grande connoissance de cause, puisque le bill aura été publié.

Il est d'usage que les bills soient imprimés antérieurement au débat; mais ils ne le sont que sur une motion spéciale, qui est quelquefois rejetée, et ils ne sont distribués qu'aux Membres du Parlement. C'est là, on l'ose dire, un vice fondamental. L'impression devroit être de règle, ainsi que la vente publique. Avant l'invention de l'imprimerie, et quand l'art de lire étoit ignoré des trois quarts des députés de la Nation, on avoit ordonné, pour y suppléer, que chaque bill fût lu trois fois dans la Chambre. Aujourd'hui ces trois lectures sont purement nominales, le clerc se borne à lire le titre et les premiers mots. Mais il en est résulté un effet très-important : ces trois prétendues lectures ont amené trois degrés distincts, trois époques dans la passation d'un bill, à chacune desquelles le débat peut être recommencé à volonté.

Les motions et les bills étant ainsi imprimés et publiés dans un journal destiné à cet objet seul, le règlement doit porter que les amendements seront imprimés et publiés de la même manière. Pourquoi ne le seroient-ils pas? Si je veux combattre une motion, mon intention doit-elle être de la présenter à l'Assemblée par surprise, de dérober à son auteur la connoissance de mes objections et le loisir de s'y préparer, de prendre sur lui l'avantage d'une attaque imprévue ? Si je ne cherche que le succès de mon amour-propre, l'amendement à l'improviste me sert mieux ; mais si je n'aspire qu'au succès de la raison, je dois le faire connoître avant le débat.

Si tous les amendements sont publiés d'avance et offerts tous ensemble, l'Assemblée aura sous les yeux un tableau complet du sujet de la discussion : tableau qui sera par lui-même une sauvegarde contre les inconséquences et les contradictions très-sujettes à se glisser dans une composition dont toutes les parties ne sont traitées que successivement. Plus il est possible de les présenter simultanément, moins on est exposé à ce danger. C'est là le grand mérite des tableaux synoptiques. On y voit la dépendance réciproque et l'union de toutes les parties. Une incohérence saute aux yeux.

Mais la règle ne doit pas aller jusqu'à exclure les amendements *ex tempore ;* car des idées nouvelles peuvent jaillir du débat même, et rejeter un amendement salutaire, parce que son auteur ne l'a pas prévu, seroit une absurdité. Ce qu'on peut et ce qu'on doit exiger de lui, c'est qu'il déclare que le délai de cet amendement n'est point intentionnel, point insidieux, qu'il n'a point voulu surprendre l'Assemblée. La nature même de l'amendement fera juger de son motif.

Dès qu'un Membre aura fait inscrire une motion, un bill, un amendement dans le registre, il ne pourra plus les retirer ou les abandonner sans permission de l'Assemblée. Il ne suffit pas même à cet égard d'une simple défense. Il faut une loi de rigueur. Si l'auteur de l'acte en question n'est pas présent, au jour marqué, pour le soutenir, à moins d'une raison légitime d'absence, il doit encourir le blâme de l'Assemblée, et son nom doit être inscrit dans un livre à part, qui aura pour titre, *Liste des déserteurs des motions*, etc.

Cette loi de rigueur est nécessaire, 1.° pour empêcher les motions irréfléchies, et prévenir la confusion que produiroit la fausse apparence d'une grande masse d'affaires qui s'évanouiroient au moment où l'on auroit à s'en occuper.

2.° Pour empêcher que l'annonce des motions ne perdît la confiance publique, quand on seroit accoutumé à les voir tomber par défaut.

3.° Pour prévenir l'abus qu'on pourroit faire de ce moyen, en annonççant des motions qu'on n'auroit point intention de soutenir, soit pour répandre des alarmes, soit pour influer sur les fonds publics, soit pour empêcher des antagonistes d'enregistrer leurs motions ou leurs bills par un monopole apparent des affaires ; et le mal que pourroit faire ainsi un individu seroit susceptible de l'extension la plus alarmante par l'effet d'une combinaison entre les membres d'un parti (1).

---

(1) S'il est nécessaire que les motions soient composées d'avance pour être présentées aux Législateurs qui sont

l'élite de la Nation, à plus forte raison cette précaution est-elle indispensable pour les Assemblées populaires qui se forment et se dissolvent dans un jour, et qui ont peu ou point de pratique dans l'art du débat.

De telles assemblées ont souvent lieu en Angleterre soit dans les villes, soit dans les comtés, pour présenter des pétitions ou des adresses, soit au Roi, soit au Corps législatif.

Si, dans ces Assemblées, un individu propose l'ouvrage en question composé d'avance, les antagonistes ne manquent guère de tirer parti de cette circonstance, pour jeter de la défaveur sur ces motions préparées, et même il y a un terme de ridicule pour les désigner : on les appelle des *motions de poche*, des *pétitions de poche.* Cela signifie qu'on impute à l'auteur une intention secrette de surprendre l'Assemblée et de la tromper, en faisant passer ses idées particulières et personnelles pour un acte public.

Il y a dans ce soupçon un mélange de raison et d'erreur, d'inadvertence et de réflexion.

L'inadvertence consiste à ne pas considérer qu'une motion, pour être l'acte de tous, doit commencer par être l'acte d'un individu, — et qu'un écrit de ce genre, comme tout autre écrit, doit être meilleur précisément parce qu'il est l'ouvrage du temps et de la réflexion.

Mais, d'une autre part, il y a un instinct de raison à se défier de l'ascendant que peut obtenir un individu sur une Assemblée, en y proposant une mesure qu'il a préparée à loisir, et sur laquelle on est appelé à se décider tout d'un coup, sans avoir eu le temps d'en examiner les bases et les conséquences.

Que s'ensuit-il ? qu'on ne doit proposer dans une

Assemblée populaire aucune motion préparée d'avance? — point du tout, — mais qu'avant le jour du rassemblement, les motions devroient avoir été publiées.

Il existe, pour quelques Assemblées de cette nature, des règlements qui défendent de les convoquer sans une déclaration publique de l'objet de la convocation. Ce règlement devroit être universel, et l'on devroit y ajouter, comme condition nécessaire, que la motion principale fût annexée dans sa totalité à l'acte de convocation, qu'il y eût un intervalle suffisant pour donner le temps de publier les propositions rivales, et qu'aucune motion ne fût offerte dans ces Assemblées qu'après avoir été connue d'avance du public. Ce sont là, dira-t-on, des entraves, des pierres d'achoppement pour la liberté. On se trompe. Ce sont là des garde-fous sur les bords des précipices. Tout ce qui nécessite de la réflexion et de la suite, dans les démarches d'un peuple libre, est la sauvegarde la plus assurée de ses droits.

# CHAPITRE X.

## MOTION ÉCRITE D'AVANCE.

L'OBLIGATION d'enregistrer les motions suppose l'obligation de les écrire d'avance en tout ou en partie; mais c'est ici un point important sur lequel il vaudroit mieux dire trop que de ne pas dire assez. Il faut, en posant la règle, donner les raisons sur lesquelles elle est fondée. Il faut surtout montrer qu'elle doit s'étendre à toutes les motions incidentelles qui peuvent naître dans le cours d'un débat, et à tous les amendements.

*Toute motion, tendante à produire un acte de l'Assemblée, sera rédigée par écrit, avant de lui être présentée, et conçue dans les propres termes qui devroient constituer le décret.*

Il y a deux raisons majeures pour exiger que toute motion soit rédigée par écrit en entier, avant d'être présentée. 1.° Il n'y a pas d'autre moyen pour fixer la teneur d'un discours pour un certain espace de temps. 2.° Il n'y a pas d'autre moyen pour s'assurer que la motion peut se convertir en décret sans aucune variation dans les termes.

Dans la plupart des Assemblées politiques et nommément dans les *Assemblées provinciales* de France dont on nous a donné les résultats, voici l'usage qui étoit suivi. Dès qu'on avoit mis une matière en délibération, chacun proposoit son avis, et l'office du secrétaire étoit de rédiger les diverses propositions qui avoient été faites. L'inconvénient de ce procédé étoit d'amener un débat sur chacune de ces rédactions; car l'auteur d'un avis peut bien savoir exactement ce qui se passe dans son esprit; mais il n'est guère probable qu'un autre puisse le connoître et l'exprimer avec la même exactitude. Avant que l'auteur et le rédacteur se soient entendus, l'Assemblée reste dans l'inaction: et quand la proposition est écrite, elle peut avoir reçu des modifications nouvelles, qui rendent d'autres discussions nécessaires.

Exigez que toute motion soit, d'avance, écrite par son auteur, vous sauvez tout ce travail inutile; et de plus, vous prévenez une multitude de motions indigestes et précipitées. Est-on obligé de coucher par écrit une proposition dans toute sa teneur ? on lui donne un tout autre degré d'attention qu'à celles qui se font de vive voix. On détermine mieux l'objet; on pèse plus soigneusement les paroles, on a le temps de consulter et de réfléchir. Combien de premières pensées ne rejette-on pas, quand on est dans l'heureuse nécessité de les soumettre à cette épreuve?

La motion écrite doit être le modèle exactement identique de l'acte qu'il s'agit de passer; c'est-à-dire, c'est l'acte même, c'est l'arrêté *in terminis*, avant qu'il ait reçu la sanction de l'Assemblée.

Cette condition est absolument nécessaire, afin qu'on ait sous les yeux le véritable objet, l'objet entier sur lequel on doit voter.

Les amendements ne font pas exception à cette règle. Un amendement est-il proposé et adopté? la motion amendée prend la place de la motion originaire. Toute la différence est qu'au lieu d'avoir eu un seul auteur, elle en aura eu deux ou trois, etc.

Dans tous les arts, on s'égare long-temps dans des routes difficiles et tortueuses, avant de découvrir la meilleure. Quand le procédé le plus convenable est enfin reconnu, il paroît si naturel qu'on est tenté de croire qu'il a dû se présenter le premier à l'esprit. La simplicité du moyen nous dérobe souvent le mérite de l'invention, et cependant elle est le sceau du génie.

Dans le Parlement d'Angleterre, l'ancie usage étoit bien informe. L'Orateur recueillo le sentiment de l'Assemblée, d'après ce qu s'étoit dit dans le cours de la délibération. I en formoit une question, sur laquelle il pre noit les votes de la Chambre. Cette pratiqu a été discontinuée depuis long-temps. L'auteu d'une motion la rédige par écrit, la remet l'Orateur, et lorsqu'elle a été secondée, ell est soumise à la discussion.

# CHAPITRE XI.

## DE LA RÉDACTION.

Nous allons considérer les motions comme des compositions destinées à devenir des lois et présentées à l'examen de l'Assemblée. Il faut donc qu'elles aient la forme la plus propre à subir une discussion de détail, et à recevoir des amendements.

Le règlement ne peut pas prescrire les perfections de style, mais il est certains défauts qu'il peut prévenir, certaines conditions qu'il peut imposer, parce qu'il est au pouvoir de chacun de s'y soumettre. On prescrira les quatre points suivants :

1.° La brieveté dans les articles.

2.° La simplicité dans les propositions.

3.° La pure expression de la volonté.

4.° L'exposé complet de toutes les clauses que la loi doit renfermer.

Si ces conditions sont observées, une motion, quelle que soit son étendue, aura une forme maniable et malléable; il sera aisé de la considérer dans toutes ses parties, et de l'amender.

1.° *Brieveté dans les articles.* Ce qu'on entend par un article, c'est autant de matière qu'on se propose de mettre aux votes à une seule fois. Plus les articles sont longs, plus il est difficile d'en saisir l'ensemble et d'en voir distinctement les parties. Mais suffiroit-il de recommander la brieveté ? non ; il faut donner au précepte force de loi, en déclarant qu'aucun projet de décret, contenant plus de cent mots par exemple, ne sera reçu, à moins qu'il ne soit divisé en paragraphes numérotés, dont aucun ne doit excéder la mesure susdite. Cet expédient, tout singulier qu'il paroîtra d'abord, est pourtant le seul d'une efficacité absolue (1).

Les paragraphes doivent être numérotés. Il n'est pas de moyen plus commode et plus court pour les citations et les renvois.

Les actes du Parlement sont bien en défaut à cet égard. La division en sections et les numéros qui les désignent dans les éditions courantes, ne sont point authentiques. Dans le parchemin original, texte de la loi, l'acte en-

---

(1) Les plus longs paragraphes dans le Code Napoléon n'excèdent pas cent mots, et il y en a très-peu de cette longueur.

tier est d'une seule pièce, sans distinction de paragraphes, sans ponctuation, sans chiffres. Le mot *section* ne s'y rencontre pas même, ni rien qui y corresponde. Comment donc fait-on connoître où un article finit, où un autre commence? Toujours en répétant la même formule, la même clause introductoire, — et *de plus il est ordonné par l'autorité ci-dessus mentionnée*, ou telle autre phrase au même effet. C'est comme une algèbre en sens contraire. Dans l'algèbre, une lettre tient lieu d'une ligne de mots. Ici, une ligne de mots ne remplit que très imparfaitement la fonction d'un chiffre. Je dis *très imparfaitement*, car ces mots servent à la division, mais ils ne peuvent pas servir aux renvois. Veut-on amender ou révoquer un article d'un acte? comme il est impossible de désigner cet article par un renvoi numérique, on est réduit à le faire par des circonlocutions qui entraînent beaucoup de longueurs et d'obscurités. Et voilà en partie pourquoi un acte du Parlement est une composition inintelligible à tout autre qu'à ceux qui en ont fait une longue étude (1).

---

(1) Voyez *Traités de Législation*, Tome I. Chap. 33. Du Style des Lois.

Les premiers actes du Parlement sont d'un temps où la ponctuation n'étoit pas encore en usage, où les chiffres arabes n'étoient pas connus. D'ailleurs les Statuts dans leur état de simplicité et d'imperfection primitive étoient si courts et si peu nombreux que le défaut de division ne pouvoit produire aucun inconvénient sensible. Les choses sont restées sur le même pied par négligence et par routine, mais beaucoup plus encore par un intérêt secret des gens de loi qui ont trouvé leur compte dans cette obscurité du texte légal, et qui opposent à toute réforme l'épouvantail de l'innovation. Nous avons vécu des siècles sans connoître les points, les virgules, les chiffres ? Pourquoi les adopter aujourd'hui ? — Argument qui revient à ceci : nos pères ont vécu de gland, le froment est donc un luxe inutile.

2.° *Simplicité dans les propositions.* Ce point est le principal : la règle de la brieveté prescrite ci-dessus se rapporte essentiellement à celle-ci.

*Chaque article doit être réduit à une proposition pure et simple : ou du moins, un article ne doit jamais renfermer deux propositions complettes et indépendantes, de telle nature que le même individu puisse approuver l'une et rejeter l'autre.*

La clarté seroit portée au plus haut degré possible, si chaque article pouvoit présenter un sens complet, sans se référer à un autre. Mais dans une composition qui a plusieurs parties, ce genre de perfection est impossible. L'idée même de méthode exclut celle d'indépendance. On ne démontre une proposition en Mathématiques qu'en renvoyant à des propositions déjà démontrées; et, dans toute série de raisonnements, les chaînons se multiplient, à mesure qu'ils s'éloignent du premier.

Dans le cas où l'on est forcé de présenter une longue chaîne d'idées, il faut aider l'intelligence par un style coupé. Autant de phrases séparées, autant de places de repos pour l'esprit.

Parmi les *conjonctions*, il en est qui donnent la malheureuse facilité de lier un nombre indéfini de phrases dans une seule : c'est le poison du style des lois; tels sont en français le *d'autant que*, le *considérant que*, en anglais le *whereas*, en latin le *quando quidem*, au moyen desquels on crée une masse de confusion, en accouplant les objets qu'il importe le plus de tenir séparés.

Mais si les propositions ne peuvent pas être indépendantes les unes des autres, il faut du moins éviter qu'elles soient *complexes.*

Une proposition complexe, en matière de loi, est celle qui enveloppe deux propositions dont on peut approuver l'une et désapprouver l'autre.

J'en donnerai pour exemple une des questions proposées aux Notables de 1788, pour la composition des États-Généraux. *Doit-on exiger de certaines qualifications des Electeurs et des personnes éligibles ?* Par la forme de cette phrase, deux propositions bien distinctes sont présentées comme n'en faisant qu'une seule.

Faut-il exiger des qualifications de la part des Électeurs ?

Faut-il en exiger de la part des Éligibles ?

Voilà deux questions tellement distinctes que chacune doit se décider par des considérations différentes, qui meneroient peut-être à la négative pour l'une, et à l'affirmative pour l'autre. Mais en les réunissant de cette manière, on induit l'esprit en erreur, on le porte à les envisager comme tellement liées qu'il faut leur appliquer, en commun, ou l'affirmative ou la négative (1).

---

(1) Ce sophisme correspond à celui qui, dans la

Supposez qu'une proposition présentée comme *unique*, en renferme réellement *deux*, l'une que vous approuvez, l'autre que vous désapprouvez; — reste-t-elle indivise ? quelle que soit la décision, la moitié doit passer en opposition à votre volonté. Est-elle divisée? vous êtes libre dans votre choix, vous votez pour l'une sans voter pour l'autre, vous votez contre l'une sans voter contre l'autre. Et ce qui est le cas d'un individu, peut être celui de toute l'Assemblée.

Au moyen des propositions complexes, une Assemblée libre de toute contrainte extérieure pourroit cesser de l'être par une espèce de contrainte intérieure. Une bonne loi pourroit devenir un instrument pour en faire passer une mauvaise.

Il est des conjonctures dans lesquelles on peut forcer une Assemblée à faire le sacrifice de ses droits les plus importants. On lui propose telle ou telle loi non-seulement bonne, mais même nécessaire pour sa propre conser-

---

logique d'Aristote, est désigné par ces mots : *Secundum plures interrogationes, ut unam.* » Le miel et le fiel sont-ils doux ? « C'est un jeu d'esprit pour embarrasser des enfants ; mais on s'en est souvent servi en législation pour tromper des hommes.

vation ou celle de l'État ; et à cette loi, on en joint une autre par laquelle on lui enlève des prérogatives essentielles. Que peut-elle faire ? il faut qu'elle se résigne. Elle est dans la même situation que ce Patriarche qui, pressé par la faim, vendit son droit d'aînesse pour un plat de lentilles.

Ce machiavelisme, dira-t-on, est une supposition gratuite, une pure fiction. — Point du tout. L'histoire en fournit de nombreux exemples. Dans les républiques anciennes, l'*initiative* des lois appartenoit exclusivement à un Sénat. Le peuple n'avoit d'autre alternative que d'approuver ou de rejeter le tout ensemble. On ne lui laissoit pas la faculté de choisir. Ses Chefs lui faisoient acheter une loi désirée, une loi nécessaire, au prix de quelqu'autre loi défavorable à ses intérêts.

III. Un autre principe de rédaction. *Se tenir à une déclaration pure et simple de volonté, sans y entremêler des raisons, des opinions ou des affections, distinctes de cette volonté même.*

Assigner les raisons d'une loi est une opération à part qu'il ne faut jamais confondre avec la loi même. Si on a besoin d'instruire le peuple, on peut le faire dans un préambule, ou dans un commentaire qui accompagne le texte de la loi ; mais une loi impérative ne doit contenir que la pure expression de la volonté du Législateur. Faite pour servir de règle de conduite, elle ne sauroit être trop simple, trop claire, trop au-dessus de toute contestation. Si vous y mêlez des raisons, des opinions, vous indisposez contre la loi tous ceux qui n'approuvent pas ces raisons ou ces opinions qu'elle professe : au lieu d'en être plus forte, elle en devient plus foible ; vous donnez à ses adversaires un moyen d'attaque, vous la livrez à leurs disputes.

Il suffit quelquefois d'une épithète, pour altérer l'expression simple de la volonté. Le même effet peut résulter du choix d'un terme qui emporte un sens de blâme ou d'approbation, lorsqu'il auroit fallu employer un terme neutre : *hérétique*, par exemple, au lieu de *non-catholique*, — *innovation* au lieu de *changement*, — *usure* au lieu d'*intérêt illégal*.

Ces termes passionnés tombent tous dans l'inconvénient que nous avons développé plus haut, celui de renfermer des propositions complexes; ils expriment non-seulement un *fait* sur lequel tout le monde peut être d'accord, mais encore une *opinion*, qui peut être reçue par les uns et rejetée par les autres.

Donnons un exemple.

« Il est décrété qu'aucun hérétique ne sera
» admis à siéger dans cette Assemblée. »

Première proposition. « Il est décrété qu'aucun homme qui n'est pas de la religion établie dans l'État, ne sera admis à siéger dans
» cette Assemblée. »

Seconde proposition. « Cette Assemblée dé-
» clare que tous ceux qui professent une autre
» religion méritent à ses yeux la dénomination
» odieuse d'*hérétiques.* »

Voilà deux propositions tout-à-fait distinctes, et étrangères l'une à l'autre. L'une déclare une volonté relative à un fait ; l'autre déclare l'état des opinions, des affections de celui qui vote. Le même individu peut adopter la première, et rejeter la seconde.

Amalgamer ainsi dans une proposition deux choses différentes, c'est commettre une espèce de falsification, et nuire à la liberté des suffrages, sans qu'il en puisse résulter aucun bien.

Ainsi en insérant dans le tissu de la loi des opinions ou des raisons étrangères à la loi même, vous exposez la mesure à être rejetée, quoiqu'elle fût conforme au vœu général de l'Assemblée.

C'est qu'en effet, quoiqu'ils soient d'accord

sur la mesure, les votants peuvent différer beaucoup sur les raisons qui la leur font adopter; et si celles que vous assignez choquent leurs sentiments, ils éprouveront une répugnance très-juste et très-naturelle à professer une opinion qui n'est pas la leur. C'est, dans le fait, exiger d'eux une déclaration fausse; c'est les faire mentir dans une loi.

Supposons la proposition suivante :

« Considérant qu'il n'y a point de Dieu, toutes les lois pénales relatives à la nature de la Divinité, sont abolies. »

Lors même que tous les Membres de l'Assemblée seroient unanimes pour l'abolition de ces lois pénales, il ne s'en trouveroit peut-être pas un seul qui ne fût révolté par cette déclaration d'athéisme, et ils aimeroient mieux rejeter la mesure en totalité, que de l'obtenir à ce prix.

Il semble que, dans une Assemblée libre, tout auteur d'une motion devroit observer cette règle, ne fût-ce que par prudence, puisqu'un accessoire de cette nature ne peut qu'exposer la motion principale à être rejetée.

Mais l'esprit de parti ne raisonne pas ainsi. Plus la motion renferme quelque clause désagréable à ses antagonistes, plus on fait preuve de force si on la fait passer. Le triomphe des uns s'accroît de la mortification des autres.

Donnons un exemple de cette petite guerre des partis; nous irons le chercher dans des temps reculés, quoiqu'il fût facile d'en trouver plus près de nous. Nous verrons travailler une motion, dans cet esprit d'hostilité, pour la plier alternativement en sens contraire, en y insérant des motifs et des opinions qui la présentent sous un aspect tout nouveau (1).

« Proposé que l'une des instructions dudit » Comité sera ( pour rétablir en quelque degré » le commerce de ce royaume ) de chercher » tous les moyens convenables d'ôter les im- » pôts sur le savon et les chandelles ( lesquels » sont très-onéreux aux manufacturiers et aux » pauvres en général ). »

L'objet des deux phrases que j'ai mises en parenthèse est visible. L'Opposition vouloit jeter de l'odieux sur ces deux impôts, sans considérer qu'un pareil moyen pourroit s'appliquer à tous les impôts, sans distinction.

Les deux clauses furent d'abord exclues par deux amendements très-convenables; mais ce

---

(1) Journaux de la Chambre des Communes. Vol. XXI. p. 235. 24 Février 1728.

triomphe ne suffisoit pas. Le Parti ministériel, voulant faire tomber la motion, en paroissant l'améliorer, y fit insérer la clause suivante.

« Impôts qui ont été accordés pour servir » de sûreté à différents emprunts, et dont le » produit appartient au fonds d'amortissement » destiné à payer la dette nationale. »

Il est à peine besoin d'ajouter que les motions ainsi défigurées, ne convenant plus ni à leurs partisans ni à leurs antagonistes, sont rejetées d'un commun accord.

IV. *Le projet doit contenir un exposé complet de toutes les clauses que la Loi doit renfermer.*

Ceci se rapporte à certains termes qui sont sujets à être échangés pour des termes du même genre : par exemple, une quantité pour une autre quantité, un nombre pour un autre nombre, une portion de temps pour une autre portion de temps, etc. *L'emprisonnement durera ( un an ) ; — l'amende sera ( la dixième partie du revenu ).; — la récompense sera ( vingt livres sterling ) —* (1).

Dans les projets de bill qu'on présente au

(1) L'auteur appelle ces termes commuables des *Compétiteurs congénériques.*

Parlement Britannique, l'usage est de laisser ces points en blanc, entre deux crochets, sous cette forme : — *l'emprisonnement durera* [ ] ; *l'amende sera* [ ].

Ces points qu'on laisse en blanc sont de ceux sur lesquels il y a une grande latitude de choix. L'auteur du bill ne trouve aucune raison déterminante pour un terme plutôt que pour un autre. La première discussion porte sur le fond de la mesure, sans égard à ces blancs. On les remplit, dans un Comité, sur la motion de quelque Membre.

Les journaux de la Chambre des Communes présentent plusieurs exemples de cas où elle n'a pas voulu recevoir des bills, parce que l'auteur, au lieu de laisser ces blancs, les avoit remplis.

C'est, dit-on, pour ménager la liberté : tant que le terme en question n'est pas fixé, on a plus de latitude pour le choix.

Je ne saurois sentir la force de cette raison. La liberté existe sur ce point comme sur toutes les autres parties de la motion. Chacun est admis à proposer le plus petit nombre à la place du plus grand, un lieu pour tout autre lieu, une quantité pour toute autre quantité, et ainsi de suite.

Au contraire, la discussion ne peut que gagner lorsqu'elle a une base déterminée sur tous les points. Il faut enfin que le blanc soit rempli, que quelqu'un propose un terme ; et qui peut s'en acquitter mieux que l'auteur de la motion? De qui peut-on attendre une plus grande connoissance du sujet? Si on ne l'oblige pas à y penser, il est à craindre que ces blancs ne se remplissent avec une précipitation indiscrète, comme des détails de peu d'importance.

Cette coutume de laisser des blancs a dû sans doute son origine à la prudence des rédacteurs. « Que je laisse le terme en blanc, je » ne heurte les idées de personne ; mais que » j'offre un terme spécifique qui ne peut pas » plaire à tout le monde, je risque de perdre, » sur ce point seul, un nombre de suffrages. » Ce raisonnement n'est pas mal fondé ; car rien n'est plus commun dans les Assemblées politiques que le défaut de candeur qui se jette sur la première objection de détail, facile à remédier, pour la convertir en objection radicale (1).

(1) Pour les autres règles relatives à la rédaction des lois, voyez dans les *Traités de Législation* le chapitre cité plus haut, Du *style des Lois*.

# CHAPITRE XII.

## *TABLEAU DES MOTIONS.*

Il s'agit ici d'un appareil mécanique très-simple, qui a pour objet de mettre sous les yeux de l'Assemblée, dans un tableau, les motions sur lesquelles on délibère. La simple lecture d'une motion ne peut en donner qu'une connoissance imparfaite et fugitive. Il n'y a d'autre moyen sûr de la rendre vraiment présente à l'esprit des auditeurs, pendant toute la durée de la délibération, que de la tenir présente à leurs yeux.

Je me borne à donner une idée générale de ce tableau, réservant un article séparé pour une description plus détaillée.

Qu'on se figure, au-dessus du siége du Président, une galerie qui présente de front deux cadres d'un canevas à fond noir, mobiles comme une porte à deux battants, ayant neuf pieds de hauteur sur six de largeur; ce canevas, régulièrement percé, sert à recevoir des lettres d'un caractère assez gros pour être lisible dans toute l'étendue de la salle. Ces lettres s'y attachent par un crampon, de manière à ne pouvoir se déranger. Dès qu'une motion doit être l'objet d'un débat, on la fait passer aux compositeurs, qui la transcrivent sur ce Tableau, et qui, en fermant la galerie, présentent la motion, comme dans une affiche, aux yeux de l'Assemblée.

L'utilité de cette invention, sous son point de vue le plus général, consiste à disposer les choses de manière qu'un homme ne puisse pas éviter de connoître la motion sur laquelle il doit voter.

Il est vrai que ce qu'il importe le plus de connoître, c'est le *sens* d'une proposition et non sa *teneur*, l'esprit plutôt que la lettre : mais ce n'est que par la lettre qu'on peut s'assurer de l'esprit; une méprise sur un seul mot peut changer entièrement le fond du discours. Dès que les mots ne sont plus présents à la mémoire, on est en danger de tomber dans ces méprises : danger qu'il est insensé d'encourir lorsqu'on peut l'éviter par un moyen simple et infaillible.

Il n'y a pas un moment, dans le cours du débat, où chaque Membre n'ait besoin de connoître la motion et de pouvoir la consulter, soit pour faire une application juste de ce qu'il entend, soit pour prendre une part active à la délibération. Cette connoissance est pour lui de première nécessité, soit qu'il agisse comme Juge, en donnant son suffrage, soit qu'il agisse comme Avocat, en parlant pour ou contre.

Premièrement par rapport à ceux qui écoutent; rien ne peut leur être plus agréable et plus utile que ce tableau des motions. Tout ce qui soulage la mémoire, facilite l'intelligence; on a beaucoup moins d'incertitude sur le sens quand on n'en a point sur les mots. Sur le simple énoncé ou la simple lecture d'une motion, tous ceux qui ont été distraits, tous ceux qui oublient promptement, tous ceux qui sont venus trop tard pour l'entendre, sont dans la nécessité ou d'ignorer le sujet du débat, ou d'aller aux informations. De là des mouvements irréguliers, des interruptions réciproques, de la confusion et du bruit.

Par rapport à ceux qui parlent, l'utilité de ce tableau est encore plus sensible. S'agit-il d'une motion d'une certaine étendue, il faut, pour se la rappeler, un effort de mémoire qui partage l'attention dans un moment où on a besoin de l'employer d'une toute autre manière. Il ne faut pas être dans la nécessité de chercher des mots, quand on a déjà trop à faire à chercher des arguments : cette hésitation dérange la marche des idées.

Mais, d'ailleurs, cet effort de mémoire est

souvent inefficace. Rien n'est plus commun que de voir des Orateurs, et même des Orateurs très-exercés, tomber dans des erreurs involontaires sur les termes précis d'une motion. Si on ne s'aperçoit pas de ce faux exposé, il en résulte un faux jugement : si on s'en aperçoit, les réclamations amènent des apologies ou des disputes; et voilà du temps perdu en accusations et en défenses.

Le tableau des motions contribue, de plusieurs manières, à perfectionner le débat. Nous venons de dire qu'il servoit de sauve-garde à l'Orateur contre les erreurs involontaires; il ne sert pas moins à l'Assemblée contre les exposés volontairement faux, contre les tournures insidieuses par lesquelles on impute à ses antagonistes des sentiments qui ne sont pas les leurs. Ce défaut de candeur a le même principe que la calomnie : on espère qu'il en restera toujours quelque chose. Mais ce qui protège un faux exposé, c'est la difficulté de le distinguer d'une erreur involontaire. Prévenir ce mal, c'est prévenir l'autre.

Un autre inconvénient des débats, ce sont les digressions. Elles tiennent souvent à une foiblesse de l'esprit, qui, sans le vouloir, perd de vue le point dont il s'agit. Mais quand l'Orateur oublie le sujet et commence à s'écarter, le tableau des motions offre le moyen le plus propre à le ramener. Dans le régime actuel, comment remédie-t-on à ce mal ? Il faut qu'un Membre se lève, qu'il interrompe le discours, qu'il rappelle l'Opinant à l'ordre. C'est une provocation, c'est un reproche; l'amour-propre est blessé; l'Orateur attaqué se défend : ce n'est plus un débat sur la motion, c'est un plaidoyer sur la compétence de ses arguments. Le désagrément de ces scènes, quand elles ne sont pas animées par l'esprit de parti, engage à tolérer beaucoup de ces digressions, l'expérience ayant prouvé que le remède étoit pire que le mal. Quant au Président, quoiqu'il soit de son devoir d'arrêter ces écarts, il est de sa prudence d'éviter des admonitions fréquentes et désagréables, et de se livrer à des altercations qui pourroient compromettre sa dignité ou son impartialité.

Mais en supposant ce tableau des motions placé au-dessus de lui, le cas est bien différent. Il peut, sans interrompre l'Orateur, l'avertir par un simple geste, — et ce signe paisible n'a pas le danger d'une apostrophe personnelle. C'est un calmant et non un stimulant, un avis et non une accusation : ce n'est pas l'acte d'un adversaire, mais d'un Juge. L'Orateur averti n'est point appelé à s'arrêter, ni à faire une soumission et l'aveu pénible d'un tort : il n'a qu'à revenir au sujet en paroissant continuer son discours, et il ne peut ignorer que le signe du Président est un appel à l'Assemblée, dont les regards ont été dirigés sur lui.

Je dirai enfin que ce *tableau* me paroît donner une grande facilité de plus pour produire de bons amendements. Si une simple lecture suffit pour bien saisir l'esprit d'une motion, elle ne suffit point pour donner la même attention à tous les termes. Qu'on ait à faire des observations de style, on ne s'en fie pas à sa mémoire ; on veut avoir l'écrit sous les yeux, le considérer à plusieurs reprises, appliquer le microscope de l'attention à toutes les parties ; et il n'y a pas d'autre moyen de découvrir les imperfections de détail. Ce genre de critique est un talent particulier où l'on voit exceller des hommes qui n'ont, en aucun degré, les dons oratoires. Le Grammairien consommé est plus utile qu'on ne pense au Législateur.

Ce tableau auroit un mérite de plus s'il ne faisoit que procurer à l'Assemblée les services d'un seul homme habile, mais découragé par un défaut de mémoire, et retenu par ce désavantage dans un état d'inaction. On sait que les deux plus importantes facultés de l'esprit, le jugement et l'invention, sont souvent très-fortes chez des individus qui ont la mémoire très-foible, et surtout celle des mots. En fait de talent, comme en fait de vertu, moins le service en exige, moins on est en danger d'en manquer.

On dira peut-être que l'impression des motions, antérieurement au débat, remplit à peu près le même but, et peut tenir lieu de ce tableau. — Mais, dans le cours d'un débat, combien ne se fait-il pas de motions incidentelles ou imprévues! combien d'amendements qu'on n'auroit pas le loisir d'imprimer! Il s'en faut bien, d'ailleurs, qu'un papier à lire, à consulter ne donne, soit aux auditeurs, soit à l'Orateur, la même facilité qu'un tableau qui reste immobile devant leurs yeux. On ne se baisse point pour lire sans cesser d'écouter ou de parler, mais on parcourt une ligne dans un tableau sans s'interrompre. Et puis, cette grande utilité du tableau, cette force qu'il donne au règlement contre les digressions inutiles, simplement par un geste admonitoire, est un avantage qui ne se trouve point dans la motion imprimée (1).

---

(1) Je proposai ce plan de M. Bentham à plusieurs Membres de l'Assemblée Constituante qui le trouvèrent

## *Description du Tableau des Motions.*

Le plan que je vais indiquer peut servir à une première épreuve : plus l'exécution est facile, moins les détails sont importants.

---

très-ingénieux et même très-utile, mais qui ne le crurent pas exécutable à cause de la rapidité des motions et des opérations de l'Assemblée. Pendant plusieurs mois, j'ai suivi toutes ses séances avec la plus grande assiduité, et je n'ai pas oublié combien de fois j'ai éprouvé la difficulté de connoître quel étoit le sujet de la délibération. Je m'adressois à plusieurs Membres qui n'étoient point en état de m'en informer. Lors même que la motion étoit connue, elle ne l'étoit que dans son objet général, point du tout dans ses détails et dans ses termes précis. En conséquence, on disputoit contitinuellement sur les mots. Il suffisoit d'une absence momentanée, d'une distraction, d'une entrée tardive, pour être entièrement étranger au sujet du débat. On cherchoit à s'en instruire par des conversations qui occupoient un groupe de personnes, et produisoient de petits débats particuliers. Nombre de motions ainsi présentées passoient comme des ombres et n'étoient connues qu'à demi. Les hommes indolents partoient de là pour ne pas voter ou pour voter de confiance, c'est-à-dire que ne pouvant pas se faire une opinion à eux, ils s'abandonnoient à celle de leur parti.

Ces observations sont en apparence minutieuses, mais la somme de ces minuties produit un effet considérable. Un torrent n'est composé que de gouttes d'eau, une montagne que de grains de sable.

*Cadres.* Ils peuvent être dans la forme d'une porte à deux battants. Le canevas doit être tendu de manière à présenter une surface égale qui n'enfonce point vers le milieu.

*Grandeur des lettres.* Elle doit dépendre de l'étendue de la salle. Un fond noir, — des caractères dorés, — une grande lumière sur le tableau, — la forme des lettres plutôt oblongue que carrée.

*Manière de les fixer.* Les lettres en forme de boutons doivent avoir un crochet, au moyen duquel l'opération de les attacher se fait avec la plus grande promptitude. — L'uniformité des lignes peut être assurée par un fil dans le tissu même du drap.

*Composition du tableau.* Les deux battants tournent sur des gonds, comme une porte. Les compositeurs, pendant qu'ils sont à l'ouvrage, seront vus de l'Assemblée ( ce qui assure l'émulation et la diligence ). Les deux feuilles rapprochées présenteront l'aspect de deux pages d'un livre ouvert.

*Amendements.* Ils pourront être exposés sur un tableau séparé, placé immédiatement à côté de l'autre, avec un renvoi qui dirige l'œil vers la partie de la motion originale qu'on veut amender, et un mot au haut du tableau qui indique si l'amendement est *suppressif, additif* ou *substitutif.*

*Multiplication des tableaux.* Il en faut avoir un assortiment pour préparer toutes les motions connues d'avance, et les faire succéder rapidement.

### *Contenu du Tableau des Motions.*

Supposez que chaque cadre ait neuf pieds de hauteur sur six de largeur, et les lettres, un pouce et demi sur trois quarts de pouce, les deux feuilles de la table contiendroient au-delà de quatre pages d'impression commune in-8. Je l'ai trouvé ainsi par une espèce de calcul approximatif.

A 52 pieds de distance, j'ai observé, dans une église, que la Table du Décalogue étoit parfaitement lisible pour des vues ordinaires, avec des caractères de trois quarts de pouce de grandeur.

*Composition.* On peut accélérer le travail des compositeurs, en se servant de ce qu'on appelle en Angleterre le *principe logographique,* qui consiste à imprimer non par lettres, mais par mots entiers.

Par la multiplication des tableaux, une composition, trop longue pour être mise tout à-la-fois sous les yeux de l'Assemblée, pourroit être présentée par parties. Un projet de loi, par exemple, quelle que fût son étendue, seroit préparé d'avance, et les tableaux se succéderoient sans ralentir le travail.

Mais si ce moyen a des limites, c'est-à-dire s'il y a des cas où les circonstances ne permettent pas de s'en servir, à raison du temps et de l'espace, ces limites ne fournissent aucun argument contre son utilité dans toutes les occasions où on peut en faire usage. Cette utilité est si grande, les inconvénients de l'usage actuel sont si manifestes, qu'on peut s'étonner que ce moyen n'ait pas été imaginé plus tôt : mais en ce genre, il ne faut s'étonner de rien. Sous les auspices de la routine, c'est la barbarie qui donne des lois à la civilisation; c'est l'impéritie qui prévaut sur l'expérience.

# CHAPITRE XIII.

## *DE L'OUVERTURE DU DÉBAT.*

*Doit-on exiger qu'une motion soit secondée?*

Une motion n'est pas reçue dans la Chambre des Communes, à moins qu'elle ne soit appuyée par un autre que son auteur, c'est-à-dire par un second qui y ajoute son aveu.

Ce règlement est supposé propre à prévenir des motions qui auroient consumé du temps sans aucun fruit. Avant d'en occuper l'Assemblée, il faut sonder un ami. Si l'on ne peut trouver un seul approbateur, où est le mal que la motion soit abandonnée? quelle chance auroit l'auteur de persuader la majorité, s'il n'a pu réussir auprès d'aucun homme de son choix?

Mais aussi ce moyen a bien peu d'efficacité; il est nul contre des motions de parti, — nul contre un homme qui, dans l'Assemblée, a un ami complaisant ou facile, — nul contre deux fous ou deux sots déterminés à se soutenir l'un l'autre.

D'ailleurs, il n'est applicable qu'à des motions originaires; il ne l'est pas aux motions incidentelles, à celles qui naissent dans le cours du débat, à des amendements sur lesquels on n'a le loisir de se concerter avec personne.

On peut objecter contre cet usage qu'il tend à décourager ceux qui ont besoin d'un encouragement particulier, des personnes isolées, jalouses de leur indépendance, ne voulant point se lier avec un parti. Qu'un homme de cette trempe, après deux ou trois tentatives, ne trouve point de second, cela suffit pour le rebuter; et il ne faut pas conclure qu'une motion soit frivole ou absurde, parce qu'au premier coup-d'œil elle est rejetée de cette manière. Combien de motifs autres que le démérite de la motion, ne peuvent-ils pas influer sur le refus des seconds! L'un ne veut pas se mettre en avant, un autre n'aime pas un rôle subalterne, un troisième prévoit qu'elle n'aura pas de succès, un quatrième qu'elle peut lui faire des ennemis. Plusieurs peuvent refuser par des raisons étrangères à la nature de la motion.

Quand ce ne seroit qu'une gêne, si elle n'est pas utile, elle est un mal.

La Chambre des Pairs n'a point admis cette règle; et l'on ne voit pas qu'il en ait résulté quelque inconvénient. — Au reste, les raisons pour et contre sont très-foibles.

*La motion étant admise, doit être lue avant*

*qu'on permette à son auteur de parler.* La motion est le sujet auquel le discours doit s'appliquer. Si le sujet n'est pas connu, le discours doit perdre une grande partie de son effet. On ne peut juger de la force ou de la foiblesse des arguments qu'autant qu'on a clairement dans l'esprit l'objet auquel ils se rapportent.

Point de règle plus efficace que celle-ci pour prévenir des discours inutiles. Si un Membre qui n'a point de motion à faire entreprend de parler, il se trouve obligé, dès le premier moment, à en donner une raison justificative, et s'il n'en a point, il est réduit au silence.

Dans la Chambre des Communes, la règle est de ne parler que sur une motion admise, ou pour en introduire une : mais comme on n'exige pas que l'on commence par la présenter, il arrive quelquefois qu'on écoute de longs discours qui ne sont suivis d'aucune motion. C'est là un exemple de ces lois dont on entend parler avec tant d'éloges, de ces lois qui seroient si bonnes, si avantageuses, pourvu seulement qu'on voulût les observer.

Dans la pratique angloise, l'usage est de donner avis à l'Assemblée de l'objet d'une motion plus ou moins à l'avance, selon le degré d'importance qu'on lui suppose. Mais on se borne à une indication générale, on ne l'annonce point toute entière, ni rédigée par écrit. N'est-ce pas là un défaut ? Ne s'est-on pas arrêté à moitié chemin ? Certes, les mêmes raisons qui vous font demander qu'une motion soit annoncée d'avance, doivent vous faire désirer aussi qu'elle soit présentée en entier. N'est-il pas ridicule de dire à une Assemblée de Législateurs : « Devinez, conjecturez, imaginez ce » que sera cette motion, dont je ne vous donne » que le titre ; » — et de tenir leur curiosité en suspens, comme s'il s'agissait d'exciter un intérêt dramatique, ou de les entraîner par surprise ?

Les termes de la motion n'étant pas connus d'avance, il n'est pas possible de préparer les amendements : aussi tout ce qui les concerne est une scène de précipitation. Comme ils sont proposés sans plan, ils sont combattus avec le même désavantage : ils ne présentent trop souvent que des idées vagues et incohérentes, des productions crues et indigestes. Mais le plus grand mal qui en résulte est celui qu'on ne peut ni voir ni apprécier, le mal négatif, le mal de privation, c'est-à-dire la non-existence des amendements utiles qui auroient pu être offerts, si on avoit eu le loisir de la réflexion, par une connoissance préalable de la motion entière.

Nous avons fait un pas, — la motion est lue : *son auteur doit être admis à parler le premier ;* il n'est pas à présumer qu'aucun autre puisse en présenter les motifs avec plus d'avantage que lui-même.

Il est évident que personne ne doit être entendu *contre* une motion, avant que quelqu'un ait parlé *pour.* S'il n'y a point d'argument à produire en sa faveur, la combattre est du temps perdu. Les arguments *pour* doivent paroître les premiers, afin que les opposants aient un point fixe d'attaque, et ne s'égarent pas dans de vagues conjectures.

Il faudroit convenir d'un mot qui marquât la fin du discours, *dixi :* ce mot final préviendroit cette espèce d'âpreté, cette impatience indécente qui se manifeste dans une Assemblée où ceux qui veulent parler épient toutes les pauses accidentelles de l'Orateur, et n'attendent pas qu'il ait fini pour lui ôter la parole.

Si l'Orateur parle debout, il marque la fin de son discours en s'asseyant, et le geste arrive plus sûrement aux yeux que le mot à l'oreille. Cette règle est donc plus nécessaire dans une Assemblée où l'on parle assis que dans celle où l'on parle debout : mais elle est utile partout, comme un moyen de prémunir l'Orateur contre la crainte des interruptions, et de conduire le débat avec bienséance.

*Celui qui a la parole, dans une grande Assemblée, doit être debout.* Dans cette attitude, l'organe a plus de force, la voix est plus libre; il exerce un plus grand ascendant sur l'audience; il s'aperçoit mieux de l'impression qu'il produit : mais on ne peut pas en faire une règle absolue, parce qu'on ne sauroit fixer les limites entre une grande et une petite Assemblée. D'ailleurs, il y a des personnes infirmes qui ont assez de force pour parler, et qui n'en auroient pas assez pour soutenir une posture fatigante. Un officier blessé ne doit pas être privé du droit de parler pour sa patrie. Le Lord Chatham, foible et languissant, étoit presque couché sur son siége, lorsqu'il fit entendre les derniers éclats de son éloquence.

# CHAPITRE XIV.

## *DU DÉBAT LIBRE ET DU DÉBAT STRICT.*

Il *peut y avoir deux espèces de débats, l'un sans réplique, l'autre avec répliques.* Dans le premier, que j'appelle *strict*, chaque Membre, avec une seule exception dont je parlerai bientôt, ne seroit admis à parler qu'une fois. Dans le second, que j'appelle *libre*, chaque Membre auroit la liberté de parler aussi souvent qu'il le jugeroit convenable.

Le premier mode peut être nécessaire dans les grandes Assemblées où il y auroit un grand nombre de prétendants à la parole. Il faut, par le principe d'égalité, assurer à chaque Membre le droit d'être entendu, et il y auroit une sorte d'injustice à permettre aux uns de parler pour la seconde fois, tandis que d'autres n'auroient pas encore été admis à se faire entendre. Si donc il y a un superflu d'Orateurs, c'est-à-dire plus qu'on n'en peut entendre commodément pour la marche expéditive des affaires, l'exclusion des répliques est une loi de nécessité.

Mais cependant la méthode libre a de grands avantages. Dans un engagement corps à corps entre deux personnes, la discussion est mieux suivie, les arguments sont plus serrés qu'entre plusieurs. Chaque réplique contribue à répandre la lumière, et à fortifier l'impression qu'on a reçue. Le débat s'anime et devient plus intéressant. Chacun prête son attention au plaidoyer. On s'efforce de saisir ou de prévoir les arguments des deux antagonistes. Il n'y a point de mouvement perdu ou rétrograde ; chaque pas vous avance vers la conclusion. Cet intérêt est, pour ainsi dire, affoibli ou trompé toutes les fois qu'un nouvel interlocuteur vient rompre le fil du débat, et interjeter des idées toutes différentes. Aussi le premier sentiment des hommes, leur instinct naturel, est tout en faveur de cette manière de débattre entre deux Orateurs qui soutiennent, alternativement, le pour et le contre.

Dans le Parlement Britannique, on a réuni ces deux méthodes par deux manières de procéder : l'une quand l'Assemblée est en *Chambre*, l'autre quand elle est formée en *Comité général*. Dans la Chambre, on s'en tient strictement à la règle de n'accorder la parole qu'une fois. Dans le Comité général, il est d'usage de laisser la liberté des répliques, et la discussion se passe fréquemment entre un petit nombre d'individus qui ont donné une attention particulière à la question. Toutefois c'est plutôt une indulgence qu'une règle, et cela doit être ainsi: car il est des parleurs opiniâtres avec lesquels on ne pourroit rien finir; et les répliques ont aussi l'inconvénient d'entraîner des personnalités qui feroient dégénérer un débat en conversations amères et infructueuses.

En accordant la liberté des répliques, vous exposerez les débats à une durée incompatible avec l'expédition des affaires. Voilà l'objection la plus forte : mais, premièrement, les cas où les promptes décisions sont nécessaires ne se présentent pas souvent dans une Assemblée législative ; et, dans ces cas, elle est toujours maîtresse de ses propres règles, toujours libre d'agir selon les circonstances.

Secondement, peut-on considérer comme perdu le temps employé à une discussion de bonne foi, quelque long qu'il puisse être? La diligence est-elle donc le but principal? Doit-on se soustraire à l'ennui de quelques moments pour s'exposer à de longs repentirs? Ce n'est pas l'excès qu'on doit craindre en fait d'examen; les mauvaises lois ne sont que les résultats de l'inattention et de la précipitation. La règle générale doit être de ne rien rejeter de ce qui peut éclairer l'Assemblée ; et comment décider d'avance qu'un individu qui demande à parler, n'a rien d'utile à dire ?

Enfin, il me paroît douteux que l'admission des répliques doive prolonger les discussions. Dès que la question est éclaircie, ou que les deux partis reconnoissent que leur opposition est irrémédiable, le débat est arrivé à sa conclusion naturelle, et tout le monde est impatient de le voir finir. Mais la liberté des répliques a une tendance à mener la discussion à ce point. Deux antagonistes engagés dans une question sur laquelle ils sont préparés, se répondent avec plus de justesse, et vont directement au but sans perdre le temps en formes, en exordes, en apologies, comme fait chaque nouvel Orateur, pour donner à ses arguments la tournure et les ornements d'un discours.

Après tout, la méthode libre n'a pas l'effet nécessaire de priver aucun individu de la parole ; elle ne fait que retarder le moment où il pourra l'obtenir. C'est une simple transposition de temps, qui n'ôte rien à l'égalité.

D'après cet exposé des raisons pour et contre, chaque Assemblée peut juger des circonstances où il lui convient d'admettre l'une ou l'autre de ces formes de débat.

Mais, dans le cas même où on ne permet pas les répliques, il faut toujours faire une exception en faveur de l'auteur de la motion *Celui qui a ouvert le débat doit avoir la faculté de parler le dernier.* Il est naturel de présumer qu'il connoît mieux que personne le fort et le foible de sa cause; et s'il n'avoit le droit de répliquer, des objections auxquelles lui seul peut répondre pourroient en imposer à l'Assemblée. Dans le Parlement Britannique, cette dernière réponse est ordinairement ce qui attire le plus l'attention de toute l'audience. C'est là où l'Orateur concentre toutes ses forces, et ramène toute sa cause au point essentiel qui doit déterminer le jugement. *Videndum est ubi sit rei summa, nam fere accidit ut in causis multa dicantur, de paucis judicetur* (1).

(1) Quint. V. 14.

# CHAPITRE XV.

## *UNITÉ DANS L'OBJET DU DÉBAT.*

*L'unité du débat sera rigoureusement observée; c'est-à-dire qu'une motion étant reçue, aucune autre motion ne sera admise, jusqu'à ce qu'on ait disposé de la première.*

On ne comprend pas, dans cette exclusion, les amendements relatifs à la proposition qu'on traite, ni les motions suppressives, ni celles qui réclament une loi d'ordre, à l'instant de sa violation.

Cette unité de débat est la règle par excellence, la règle qui maintient la liberté de l'Assemblée, qui fait concourir toutes les facultés vers un même but, et qui seule peut produire son œuvre essentielle, l'expression d'une volonté générale.

Il ne paroît pas d'abord nécessaire de faire un règlement pour prescrire cette unité; mais tous ceux qui ont suivi des Assemblées politiques, et surtout des Assemblées dans leur naissance, n'ont pu qu'être frappés de la tendance continuelle à s'écarter de ce principe. A mesure que les esprits s'échauffent dans le cours du débat, un Orateur se laisse entraîner insensiblement vers de nouvelles idées : d'abord ce n'est qu'un pas hors de sa route ; mais ce premier pas qui dévie, en amène un second et un troisième : et le voilà, loin de l'objet en discussion, lancé dans une nouvelle carrière. Ceux qui lui succèdent l'attaquent ou le défendent. L'intérêt change. La première proposition est oubliée pour la seconde : une troisième survient encore. La confusion augmente ; on se fatigue sans s'approcher du terme ; et plus on va, plus on s'égare.

Cette divergence dans les idées a presque toujours lieu dans les conversations particulières ; mais dans un cercle privé qui n'a pour but que l'amusement, cet objet est mieux rempli en parcourant une variété de sujets, qu'en s'attachant à un seul. Dans une Assemblée politique, ce désordre fait tout le mal possible, puisqu'il épuise inutilement ses forces et l'empêche de parvenir à un résultat.

Cette confusion ne peut que trop avoir lieu sans dessein, soit par l'incapacité d'opinants novices, soit par la chaleur de la dispute qui, de mille manières, fait perdre la question de vue. Mais des hommes artificieux se serviront souvent de ce moyen pour faire tomber indirectement une proposition qu'ils n'oseroient pas attaquer en face. Leur ressource est de la supplanter par une autre, d'introduire des motions par surprise, de lasser l'Assemblée par son indécision, et de la conduire par des routes qu'elle ne connoît pas.

Cette règle d'unité gouverne le Parlement d'Angleterre. Il y a toujours une motion régnante qui exclut, de droit, toute autre motion. Il faut que son sort soit décidé avant qu'une autre prenne sa place.

# CHAPITRE XVI.

## *SÉPARATION DU DÉBAT ET DU VOTE.*

*Débattre et voter sont deux opérations distinctes. La dernière ne doit commencer qu'après que la première est finie.*

Cette règle est fondée sur deux raisons.

1.° Prévenir des décisions erronées par défaut de connoissance.

*Voter* pour ou contre une motion, c'est juger, c'est exercer l'office d'un Juge : *parler* pour ou contre, c'est plaider, c'est exercer la fonction d'un Avocat. Voter avant que la délibération soit terminée, c'est juger sans avoir recueilli toutes les preuves, sans posséder tous les documents qui peuvent se présenter dans le cours du débat. N'eût-on plus qu'un seul Orateur à entendre ? il est impossible de décider d'avance s'il ne fournira pas quelque argument nouveau, qui auroit fait changer d'avis à ceux qui ont voté avant lui.

2.° Prévenir des décisions contraires à la volonté réelle de l'Assemblée.

Supposez une liste de Membres qui parlent dans un ordre fixe, et qui votent chacun à leur tour. — Le premier vote *pour* la motion : tous ceux qui viennent après lui voten dans le même sens. Le dernier de tous vote dans un sens contraire, en se fondant sur des faits ou des arguments qui ont échappé à tous les opinants antérieurs, mais qui portent la conviction dans tous les esprits. Quelle en est la conséquence? On rend une décision qui a pour elle, en apparence, toutes les voix moins une, et qui, en réalité, est contraire à la volonté unanime de l'Assemblée.

Les Anglais sont tellement accoutumés à séparer l'opération de débattre et celle de voter, qu'ils concevroient à peine qu'on ait pu se départir de cette règle. Mais,elle étoit absolument ignorée en France dans les anciens États-Généraux, dans leurs Parlements, et dans leurs Assemblées provinciales. Dans les États-Généraux de 1789, les premières opérations se firent par un appel nominal de tous les Membres, qui étoient appelés à *débattre* et à *voter* en même temps.

Il en résultoit deux absurdités manifestes.

1.° La chance que pouvoit avoir un individu de gagner des partisans à son opinion, étoit moins proportionnée à la force de ses arguments qu'au rang qu'il occupoit dans la liste des opinants. Il y avoit six cents Membres dans le Tiers État. Celui qui parloit le premier pouvoit influer sur 599. Le second ne pouvoit plus influer que sur 598, et ainsi de suite jusqu'au dernier, qui ne voyoit plus personne sur qui son éloquence pût faire impression que lui même.

2.° La chance qu'avoit un individu de former une opinion éclairée, étoit en raison inverse de la chance qu'il avoit de gagner des partisans à son opinion. Celui qui pouvoit influer sur toute l'Assemblée ne pouvoit recevoir des lumières de personne. Celui qui avoit pu profiter des observations de toute l'Assemblée ne pouvoit plus les rendre utiles à aucun autre.

Ces absurdités étoient trop saillantes pour n'avoir pas été aperçues. Aussi dans plusieurs Corps politiques où l'on avoit adopté cette méthode inepte et ridicule, on avoit cherché à y remédier en établissant *deux tours d'avis*: en sorte que si, dans le premier tour, on avoit entendu un avis contraire qui parût préférable au sien, on pouvoit, dans le second tour, abandonner le sien et se ranger à l'autre. *On le pouvoit* sans doute, mais le *faisoit-on*? Malheureusement, il n'est pas si facile à l'orgueil humain de faire l'aveu public d'une erreur; et d'ailleurs la seule crainte d'être convaincu peut nuire à l'effet des meilleurs arguments : on les écoute avec prévention ; on est en même temps Juge et partie.

Comme ces deux opérations, débattre et voter, étoient confondues, le langage qui les exprime présentoit la même confusion. *Avis, opinion, vote, délibération,* s'offrent dans tous les procès-verbaux comme synonymes ; on ne sait où l'on en est, c'est un chaos perpétuel.

Les premières vues sont confuses. On ne voit d'abord les objets qu'en masse. Ce n'est qu'après beaucoup d'expérience et de réflexion qu'on parvient à distinguer les diverses espèces, et à leur donner des noms séparés. En Europe, un chien et un cheval sont des animaux différents: à Otaheiti, le premier cheval fut un grand chien.

La conversation a été le premier modèle du débat régulier ; mais quoique dans le discours familier on délibère souvent sur un point pour arriver à une conclusion, il n'est ni ordinaire ni nécessaire de séparer strictement ces deux actes : voilà pourquoi ils ont été si long-temps confondus dans les Assemblées politiques. Il a fallu du temps pour arriver à des idées nettes sur les divers actes qui tendent à la formation d'un décret, pour distinguer la motion originaire, les motions d'amendement, le débat ou la délibération, et enfin le vote.

## CHAPITRE XVII.

### *INCONVÉNIENTS D'UN ORDRE FIXE POUR LA PAROLE.*

*Aucun Membre, après l'auteur de la motion, n'aura le droit de parler avant un autre. Celui qui demande le premier la parole sera le premier entendu. Entre plusieurs Compétiteurs, la priorité sera décidée par le Président ( ou par le sort ).*

Un ordre fixe de priorité, quel qu'il soit, est une des règles les plus nuisibles qu'on puisse établir dans une Assemblée politique. Ordre apparent, désordre réel, — égalité apparente, inégalité réelle ; — mais ceci demande à être traité en détail.

1.° Cet ordre fixe est défavorable au développement de l'intelligence individuelle.

Celui qui se voit placé des derniers dans le rang de la parole, devant naturellement s'attendre à voir ses arguments anticipés, n'aura point, dans les cas ordinaires, la même émulation pour étudier un sujet difficile. Plus on diminue pour lui la chance de se distinguer et d'être utile, plus on affoiblit les motifs de son application. Cet obstacle peut être vaincu par une habileté supérieure, mais ce sera toujours un découragement d'avoir à parler devant une audience fatiguée et prévenue.

2.° Ce mode entraîne une grande perte de temps par les discours inutiles.

Les premiers sur la liste, placés dans une situation qui les met en vue et toujours appelés à parler, se croiront obligés de répondre à cet appel, et feront des discours non pour dire quelque chose, mais pour ne pas se taire. Ainsi, par une double erreur, les plus habiles peuvent être réduits au silence, et les plus ineptes forcés, pour ainsi dire, à leur corps défendant, d'user ou d'abuser de la parole.

3.° Cet ordre fixe est encore nuisible au débat, en empêchant les talents différents de se concerter, et de se distribuer les rôles de la discussion de la manière la plus propre à éclairer l'Assemblée.

L'un sera plus propre à faire l'exposition d'un sujet; il excelle à présenter une grande série de faits dans un ordre clair et précis.

Un autre, moins capable de saisir un ensemble, possède à un haut degré l'art de faire valoir tel ou tel argument.

Un troisième, peu doué de la force d'invention, aura cette présence d'esprit qui découvre à l'instant le côté foible d'un antagoniste, et il aura une grande supériorité dans la réplique.

Tel autre enfin, qui seroit nul à l'ouverture d'un débat, est admirable pour résumer, pour faire un sommaire des arguments, et accélérer la conclusion.

Laissez la parole libre, cet arrangement des rôles se fera de lui-même, sans qu'on y pense. Mais l'ordre fixe contrarie l'ordre naturel, il place les hommes et déplace les talents.

4.° Cet ordre fixe tend d'une autre manière à renverser le véritable ordre d'un débat. Ce qui le constitue, c'est l'alternative entre ceux qui défendent la motion et ceux qui l'attaquent. Je ne dis pas que cette alternative soit dans tous les cas d'une nécessité absolue, mais c'est la marche la plus naturelle et la plus propre à conduire au but.

Si on avance un fait erroné, un argument sophistique, il importe que la réfutation soit immédiate. Si un discours a produit un effet sensible en faveur des uns, il faut que les autres cherchent à le combattre au moment même. Sans cela, point d'égalité; et rien n'est plus propre à mettre les Juges en état de prononcer avec connoissance de cause, que ce plaidoyer contradictoire, où l'on oppose sans cesse préjugés à préjugés, faits à faits, arguments à arguments. Ce choc des esprits fait jaillir la lumière, et produit l'évidence.

Dans l'Assemblée Nationale, tous ceux qui vouloient parler sur une motion se faisoient inscrire d'avance, et cette liste fixoit l'ordre de la parole. Quel en étoit le résultat ? Nombre d'Orateurs parlant de suite dans le même sens, et faisant des discours préparés, fatiguoient l'Assemblée par des redites éternelles. Point d'analogie et de correspondance entr'eux. L'attaque et la défense n'étoient jamais dans leur ordre naturel. Telle imputation faite dans un des premiers discours n'étoit réfutée que dans un des derniers. C'étoit un contre-sens de débat ; et l'ennui de ces harangues isolées, toutes indépendantes les unes des autres, produisoit une impatience, une lassitude qui disposoit à précipiter les conclusions les plus importantes.

5.° Quand l'ordre de la parole est fixé d'après l'ordre des dignités et des rangs, il a un inconvénient de plus, celui de fortifier une influence indue. Qu'il y ait, dans toutes les Assemblées, des hommes qui abdiquent leur propre volonté pour se gouverner par celle d'un autre, c'est un mal qu'il est impossible de prévenir ; mais, du moins, il ne faut rien faire pour l'augmenter : et on l'augmente en établissant un ordre de parole d'après lequel les inférieurs sont forcés de connoître l'opinion de leurs supérieurs.

L'arrangement libre laisse à la probité une ressource de plus. Tel qui n'oseroit pas combattre l'avis déclaré d'un homme puissant, oseroit être libre dans les cas où il n'est pas censé le connoître.

6.° Enfin, par rapport aux droits des individus, cet ordre fixe est une véritable inégalité, dans un cas où l'égalité est justice. Quel que soit l'avantage de parler avant ou après tel individu, il n'y a point de raison pour le donner à l'un de préférence à l'autre.

Je ne vois d'autre objection contre ce plan que le danger des disputes entre les concurrents qui se présentent ensemble pour demander la parole. Si le Président décide, il peut montrer des partialités. Si l'on en appelle à l'Assemblée, quelle perte de temps ! et d'ailleurs les Membres en défaveur seront le plus souvent éconduits. La majorité même peut abuser de ce droit pour exclure un parti de l'exercice de la parole.

Je réponds à cette objection par l'exemple du Parlement Britannique. Il n'y a point d'ordre de priorité. La manière de demander la parole, c'est de se lever de son siége au moment où celui qui parloit, s'est assis. Dans un cas de doute entre plusieurs postulants, c'est au Président à décider, c'est-à-dire provisoirement; car, en dernier ressort, la décision appartient à la Chambre.

Dans le fait, la règle qui donne la parole au premier levé est souvent enfreinte. Le Président trouve moyen de ne pas voir les mauvais Orateurs, et tant que sa partialité s'accorde avec celle de l'Assemblée, il n'y a point de réclamation. Mais les Orateurs distingués, quel que soit leur parti, sont toujours sûrs d'être entendus. Sans cette violation de la règle, on ne finiroit rien. Où est l'inconvénient de se refuser le plus qu'on peut à des harangues insipides ? Les marques d'humeur, l'impatience, le bruit, les conversations particulières, et d'autres modes de découragement, sont quelquefois nécessaires pour rebuter des parleurs importuns et opiniâtres. Mais il vaut encore mieux les prévenir par ce pouvoir arbitraire qu'exerce le Président, sous l'autorité de l'Assemblée.

Quant à l'exclusion d'un parti, c'est ce qui n'est jamais arrivé en Angleterre, et ce qui ne peut arriver dans aucune Assemblée, sans une conspiration trop inique, trop honteuse pour exister, au moins sous le régime de la publicité. Un discours éloquent et judicieux se fait écouter avec plaisir par ceux même dont il contrarie les vues. Une harangue inepte déplaît à tout le monde, mais surtout à ceux qu'elle prétend servir, car elle les discrédite. C'est en fait de parti qu'on peut dire :

Rien n'est plus dangereux qu'un ignorant ami.

Ainsi la nature de la chose fournit au Président des motifs qui régleront ce pouvoir discrétionnel d'après l'utilité générale de l'Assemblée.

## CHAPITRE XVIII.

### *DES TROIS DÉBATS POUR LES PROJETS DE LOI* (1).

TOUS les projets de loi, dans le Parlement Britannique, sont soumis à trois débats, qui se font à jours différens, et souvent à d'assez grands intervalles. C'est ce qu'on appelle les *trois lectures* du Bill. Le Bill peut être rejeté après la première, la seconde ou la troisième lecture, mais il n'est adopté que lorsqu'il a passé par ces trois opérations.

Ce n'est pas tout. Entre la première et la seconde lecture, ou entre la seconde et la troisième, le Bill est discuté dans un *Comité de toute la Chambre*.

Ce Comité général (dont il sera parlé ailleurs) admet des formes de discussion plus libres que celles auxquelles on s'astreint dans les débats réguliers. On n'y décide rien d'une manière définitive. On nomme un Président pour l'oc-

(1) J'ai cherché à suppléer ici au silence de l'auteur, qui fait très-souvent allusion à ces délibérations réitérées, et qui n'en a point traité expressément.

casion. On permet aux mêmes Orateurs de reprendre la parole plusieurs fois sur le même sujet. La discussion s'établit ainsi entre les personnes qui ont une connoissance plus particulière de la question.

Quant aux *trois lectures*, la première se borne presque à l'introduction du Bill et à des observations générales. La seconde est le vrai champ du débat. La troisième n'est guère que pour la forme.

Le mérite de ces débats réitérés est : 1.° de mûrir les délibérations, en donnant à plus de personnes l'occasion de parler, à différens jours, après avoir profité des lumières que la discussion a fait naître ; 2.° de ménager au public la faculté de se faire entendre, et aux membres celle de consulter au dehors des personnes éclairées ; 3.° de prévenir les effets de l'éloquence d'un Orateur qui auroit pu entraîner les suffrages par une impulsion subite ; 4.° de protéger la minorité de l'Assemblée, c'est-à-dire, le parti le plus foible, en lui assurant diverses époques pour représenter son opinion ; 5.° de donner l'éveil aux Membres qui ont été absens dans un des premiers débats, lorsqu'ils s'aperçoivent que leur présence peut influer sur le sort du Bill.

Chacun sait par expérience que les plus fortes raisons alléguées par les deux partis ne peuvent pas être jugées à leur exacte valeur la première fois qu'on les entend. Elles font trop d'impression, ou elles en font trop peu : trop, si elles sont développées avec toute la séduction de l'autorité et de l'éloquence ; trop peu, si elles attaquent des passions, des intérêts ou des préjugés violents. Dans un intervalle de quelques jours, l'esprit peut se calmer, l'opinion publique aura le temps d'influer ; ce qui ne tient qu'à l'éloquence aura perdu son effet, ce qui tient à la raison aura augmenté le sien. On portera souvent au second débat des vues toutes différentes de celles qu'on avoit à l'issue du premier ; et les deux partis se remettront en présence avec des moyens mûris par la réflexion et par leurs communications avec le public.

Il faut compter sur l'existence des partis. Si une seule délibération peut décider de l'adoption d'une loi, vous donnez à chaque parti un intérêt extrême à faire valoir tous ses moyens pour obtenir la victoire de la journée : vous produisez tout au moins une grande chaleur, et peut-être une grande animosité dans le débat. Mais quand on sait qu'une première victoire ne suffit pas, qu'il faudra lutter une seconde fois, et même une troisième contre ses antagonistes, on ménage ses forces, on les tempère pour ne pas nuire à sa cause, on n'ose pas prendre un avantage illégitime dans une première occasion, parce que ce seroit donner des armes à ses adversaires; et le parti de la minorité qui a vu graduellement venir sa défaite, s'y résigne avec d'autant plus de modération qu'il a eu tous les moyens de se défendre.

Dans le Parlement Britannique, indépendamment des *trois lectures* qui sont de nécessité, il y a bien d'autres occasions où l'on peut renouveler le débat pendant le *progrès du Bill*, terme technique qui comprend les différens degrés par lequel le Bill doit passer depuis son introduction jusqu'à sa conclusion. Il doit, comme on l'a déjà dit, être soumis à un Comité de la Chambre (*commitment* et quand l'opération se répète, *recommitment*). Il doit être transmis sur un parchemin pour devenir le texte authentique (*engrossment*). Il doit ensuite être transmis à la Chambre des Pairs, et reçu de nouveau dans la Chambre des Communes. Chacune de ces opérations successives se fait sur la motion d'un Membre, et cette motion peut devenir l'occasion d'un nouveau débat. L'*Opposition* se sert très-rarement de ces différens moyens pour retarder la marche d'un Bill, mais on les tient en réserve pour des cas extraordinaires, lorsqu'un délai pourroit produire des résultats importants.

On objecte contre ce plan, qu'il entraîne beaucoup de longueurs, et qu'il est des circonstances impérieuses où il importe qu'une loi soit passée avec beaucoup de rapidité. Je réponds à cette objection que, dans ces cas de nécessité, les trois lectures d'un Bill peuvent se faire dans le même jour et dans les deux Chambres. Il y en eut un exemple, si je ne me trompe, à l'occasion de la révolte de la flotte du Nore, en 1797; mais il faut, pour en venir à ces moyens extrêmes, une urgence évidente qui surmonte toute opposition.

Ceux qui objectent contre ces formes leur lenteur, ne s'aperçoivent-ils pas que leur objection porte contre la réflexion, contre les informations, qui ne sont souvent que le fruit du temps et de l'étude? Il y aura des répétitions. Mais une conviction raisonnée ne s'opère jamais tout d'un coup. Le meilleur argument a besoin d'être présenté à divers intervalles, et sous plusieurs aspects. C'est ainsi qu'il s'adapte à la diversité des entendements, et qu'il se dépose dans la mémoire (1). Ces hommes que l'on persuade avec un mot, on les perd aussi facilement qu'on les a gagnés. Laissez naître l'opiniâtreté du débat, il en résultera de la persévérance dans la conduite. On doit se souvenir en France, avec effroi, de ces terribles décrets d'*urgence*, de ces décrets pour *fermer la discussion*, c'est-à-dire pour subjuguer la minorité, pour étouffer les arguments que l'on craignoit le plus. Plus un peuple se sent facile à émouvoir et à entraîner, plus il doit se mettre sous la protection des formes qui imposent la nécessité de la réflexion, et qui préviennent les surprises.

On peut faire une réponse plus directe à cette objection des longueurs. Les trois débats amènent bien nécessairement des intervalles, mais ils ne tendent point à rendre la discussion plus longue dans sa totalité. Ils ont plutôt l'effet contraire. En effet, ces trois débats ont

---

(1) Un Membre expérimenté de la Chambre des Communes disoit : *a truth in the House of Commons requires a great deal of soaking.* Ce mot présente le progrès de la vérité sous l'image d'une étoffe qui doit tremper long-temps dans la couleur pour s'en imbiber.

des objets différents, et divisent la délibération d'une manière très-convenable. Dans le premier, on se borne à considérer la convenance ou la disconvenance du projet de loi, sous un point de vue général. Est-il rejeté? il y aura eu une grande économie de temps, parce qu'on ne s'est point occupé de la critique particulière des divers articles. Et, en effet, à quoi serviroit-il d'en examiner en détail toutes les clauses, et de proposer des amendements! Ce seroit ôter les taches d'un habit que peut-être on va jeter au feu. Le projet de loi est-il admis comme convenable en lui-même et dans son principe? il passe alors au second débat: et c'est là qu'on prend en considération, l'une après l'autre, chaque clause de la loi, qu'on propose des amendements, ou qu'on renvoie, dans l'intervalle d'une séance à l'autre, à un Comité particulier, chargé de rédiger toutes les corrections de détail, espèce de travail auquel une assemblée nombreuse n'est guères propre. Les votes qu'on prend dans ce second débat n'ont rien de définitif. Ces votes ne sont qu'une manière de terminer la discussion sur chaque article, et de pressentir le vœu de l'Assemblée.

Après un intervalle nécessaire pour laisser reposer l'esprit, et pour revoir de sang-froid ce projet de loi, ainsi amendé, on arrive au troisième débat avec une connoissance approfondie de la loi ; on en reprend l'examen dans sa convenance générale et dans toutes ses clauses particulières. Ceux qui ont proposé des amendements les reproduisent s'ils ont obtenu l'assentiment de la majorité, et ne les reproduisent pas dans le cas contraire. Plus une Assemblée sera exercée, plus la matière sera éclaircie dans les deux premiers débats, et le troisième, en général, sera très-rapide. Le premier, qui roule sur la convenance ou la disconvenance de la loi, peut être fort long, mais le plus souvent il est presque nul.

# CHAPITRE XIX.

## *EXCLUSION DES DISCOURS ÉCRITS.*

La règle d'exclusion par rapport aux discours écrits est strictement observée dans le Parlement Britannique. Elle doit l'être dans toutes les Assemblées délibérantes.

« Le principal inconvénient de ces discours écrits, est de n'avoir point de suite, de liaison, de rapport les uns avec les autres.

» Il est facile de sentir qu'une assemblée politique n'est pas une société d'académiciens; que le plus grand avantage d'un Sénat national et d'une discussion publique, est précisément dans cette activité des esprits, dans cette énergie de sentiments, dans cette abondance de moyens que produit le spectacle d'une grande assemblée d'hommes éclairés qui s'animent, qui s'inspirent, qui s'attaquent sans se ménager, et qui, se sentant pressés de toutes les forces d'un antagoniste, développent eux-mêmes dans leur défense des forces qui leur étoient inconnues. L'attention est comme le verre qui concentrant tous les rayons dans un seul foyer, en fait jaillir le feu et la lumière.

Mais l'attention ne peut se soutenir que par la liaison des discours, et l'espèce d'intérêt dramatique qui en résulte. Alors rien ne passe sans examen; toute vérité frappe, toute erreur provoque sa réfutation; un mot heureux, une expression juste valent un discours : et les armes, dans ces débats, ne pouvant être maniées que par des hommes habiles, l'Assemblée s'épargne de l'ennui et gagne du temps. Il n'y a rien d'utile dans la méthode des lectures, sinon de ménager à la médiocrité des consolations d'amour-propre aux dépens de l'intérêt public.

» Dira-t-on que des discours préparés ont ordinairement plus de maturité, plus de profondeur; que l'Assemblée, par ce moyen, est moins exposée à entendre des opinions dangereuses ou irréfléchies? C'est précisément le contraire. Il faut de plus longues préparations, des méditations plus approfondies pour parler d'abondance que pour écrire à loisir. Maîtriser son sujet, l'avoir étudié sous tous ses aspects, avoir prévu toutes les objections, être en état de faire face à tout, autant de conditions nécessaires pour l'Orateur; mais quel homme médiocre n'est pas en état d'écrire sur un sujet connu, quelques pages superficielles? On écrit pour faciliter la méditation, pour soulager la mémoire, pour s'épargner la fatigue de retenir une série d'idées. On écrit pour confier au papier ce qu'on veut, en quelque sorte, déménager de sa pensée : aussi on ne sait pas ce qu'on a *écrit*; mais ce qu'on veut *dire*, il faut le *savoir*. Qu'on demande à tous ceux qui ont fait preuve du talent de la parole dans l'Assemblée Nationale, pourquoi ils se sont réduits à lire des mémoires sur des sujets difficiles et compliqués, ils en accuseront tous la brieveté du temps, les questions précoces, le nombre et la variété des matières : mais ils confirmeront ainsi que la méthode des discours écrits est vicieuse en elle-même. Elle ne fera jamais des hommes de force dans une assemblée politique; elle favorise l'inertie de la pensée, et, comme l'habitude de se faire porter, elle jette dans l'engourdissement et l'indolence.

» En Angleterre comme ailleurs, le talent distingué de la parole est concentré dans un petit nombre d'individus; mais on n'y tolère pas la méthode des lectures, qui multiplie les discours sans multiplier les idées : voit-on qu'ils soient moins forts d'arguments dans leurs discussions? y a-t-il moins de vigueur dans leurs athlètes politiques? Aussitôt que le défenseur d'une motion a cessé de parler, le parti contraire ne fournit-il pas un Orateur, qui, par des arguments opposés, cherche à effacer l'impression que le premier avoit faite (1)? »

Ceux qui n'ont pas le talent de la parole peuvent communiquer des faits et fournir les arguments aux Orateurs habituels. C'est le meilleur moyen de les faire valoir. Ces communications, ces contributions d'idées ont continuellement lieu dans le Parlement Britannique (2).

---

(1) Ce passage est tiré du Courrier de Provence, N. LXV.

(2) Elles avoient lieu de même dans l'Assemblée Nationale. J'ai vu souvent M. de Mirabeau, allant à la tribune, dans la tribune même, recevoir des notes, qu'il parcouroit de l'œil sans s'interrompre, et qu'il enchâssoit quelquefois, avec le plus grand art, dans la suite de son discours. Un homme d'esprit le comparoit à ces charlatans qui coupent un ruban en pièces, les mâchent un moment et font sortir de leur bouche le ruban tout entier.

M. Benj. Constant, dans ses *Principes de politique* (Ch. VII. de la discussion), a traité ce sujet avec autant de raison que d'esprit. Je ne puis me refuser au plaisir d'en citer quelques passages.

« Quand les Orateurs se bornent à lire ce qu'ils ont écrit dans le silence de leur cabinet, ils ne discutent plus, ils amplifient : ils n'écoutent point, car ce qu'ils entendroient ne doit rien changer à ce qu'ils vont dire; ils attendent que celui qu'ils doivent remplacer ait fini. Ils n'examinent pas l'opinion qu'il défend, ils comptent le temps qu'il emploie et qui leur paroît un retard. Alors il n'y a plus de discussion ; chacun reproduit des objections déjà réfutées ; chacun laisse de côté tout ce qu'il n'a pas prévu, tout ce qui dérangeroit son plaidoyer terminé d'avance. Les Orateurs se succèdent sans se rencontrer : s'ils se réfutent, c'est par hasard ; ils ressemblent à deux armées qui défileroient en sens opposé, l'une à côté de l'autre, s'apercevant à peine, évitant même de se regarder, de peur de sortir de la route irrévocablement tracée...... »

« Voulez-vous que nos Assemblées représentatives soient raisonnables ? imposez aux hommes qui veulent y briller la nécessité d'avoir du talent. Le grand nombre se réfugiera dans la raison, comme pis-aller ; mais si vous ouvrez à ce grand nombre une carrière où chacun puisse faire quelques pas, personne ne voudra se refuser cet avantage. Chacun se donnera son jour d'éloquence et son heure de célébrité. Chacun pouvant faire un discours écrit ou le commander, prétendra marquer son existence législative, et les Assemblées deviendront des Académies, avec cette différence que les harangues académiques y décideront du sort et des propriétés, et même de la vie des citoyens. »

« Je me refuse à citer d'incroyables preuves de ce désir de faire effet aux époques les plus déplorables de notre révolution. J'ai vu des Représentants chercher des sujets de discours, pour que leur nom ne fût pas étranger aux grands mouvements qui avoient eu lieu :

le sujet trouvé, le discours écrit, le résultat leur étoit indifférent. En bannissant les discours écrits, nous créerons dans nos Assemblées ce qui leur a toujours manqué, cette majorité silencieuse qui, disciplinée, pour ainsi dire, par la supériorité des hommes de talent, est réduite à les écouter, faute de pouvoir parler à leur place; qui s'éclaire, parce qu'elle est condamnée à être modeste, et qui devient raisonnable en se taisant. »

## CHAPITRE XX.

### *AUTRES RÈGLES RELATIVES AU DÉBAT.*

Les règles que nous allons exposer ne sont pas de la même importance que les précédentes ; mais elles tendent toutes à prévenir des inconvénients et à produire un meilleur débat. Les premières sont de nécessité : celles-ci sont de prudence.

1.° *Adresser les discours au Président, et non à l'Assemblée en général.*

Cet usage, constamment suivi dans la Chambre des Communes, est très-convenable à une assemblée nombreuse, pour donner à ceux qui parlent un point fixe de direction, et un centre commun à tous les discours.

Il est naturel que chacun s'adresse à celui qui, par son office, a le droit de juger si l'on s'écarte de la question, ou si l'on tombe dans quelque irrégularité défendue par le Règlement.

Le discours adressé au Chef de l'Assemblée sera plus grave et plus tempéré que s'il l'étoit à l'Assemblée entière. Un homme passionné même, en s'adressant à un Magistrat impar tial, à un Chef respecté, sentira la nécessité de mesurer ses expressions, et de réprimer des mouvemens d'indignation et de colère.

Si ces Membres se parloient entr'eux directement, la discussion dégénéreroit plus facilement en personnalités.

Il n'est point d'habitude plus utile dans une Assemblée politique, que celle de considérer le Président avec déférence et respect; et rien n'est plus propre à former cette habitude que de l'envisager comme le centre de la délibération, comme l'Assemblée personnifiée.

5.° *Eviter les noms propres en désignant les Membres de l'Assemblée auxquels on répond.*

Cette règle, strictement observée dans la Chambre des Communes, oblige à recourir à différentes circonlocutions, pour désigner un individu. *L'honorable Membre à ma droite* ou *à ma gauche*, *le gentilhomme au ruban bleu*, le *noble Lord*, *mon savant ami* (en parlant d'un homme de loi), etc. La plupart de ces expressions sont polies sans fadeur; les noms propres amènent souvent une kirielle d'épithètes complimenteuses, comme on en voit divers exemples dans les discours de Ciceron, prononcés dans le Sénat de Rome : mais le véritable inconvénient est que, dans les débats, la mention du *Nom* est un appel plus fort à l'amour-propre que toute autre désignation. Il est moins choquant de dire « l'honorable Membre qui a parlé l'avant-dernier est tombé dans une erreur grossière » que de le signaler nominativement. C'est comme une abstraction faite de l'individu, pour ne le considérer que dans son caractère politique. Cette règle est gênante, et quand les débattants sont échauffés, ils ont beaucoup de peine à s'y soumettre. Cela même prouve combien elle est nécessaire.

4.° *Ne jamais supposer de mauvais motifs.*

C'est encore là une règle absolue du débat Britannique. Vous pouvez en toute liberté reprocher à un préopinant son ignorance, ses méprises, ses fausses représentations d'un fait; mais ne dites pas un mot qui inculpe ses motifs. Appuyez sur toutes les conséquences nuisibles de son opinion ou de la mesure qu'il soutient; montrez qu'elles sont funestes, qu'elles tendent à établir la tyrannie ou l'anarchie : mais ne supposez jamais qu'il ait prévu et voulu ces conséquences.

Strictement, la règle est fondée en justice : car s'il nous est difficile de connoître toujours nos vrais et secrets motifs, il y a bien de la témérité à prétendre démêler ceux des autres; et, par notre propre expérience, nous devons savoir combien l'on se trompe aisément à cet égard. La réserve qu'impose cette règle est utile à tous; elle est favorable à la liberté des opinions; elle est la sauve-garde commune. Vous devez, dans le débat politique comme dans la guerre, ne vous permettre aucun des moyens que vous ne voulez pas qu'on emploie contre vous.

Mais surtout cette maxime est conforme à la prudence. Votre antagoniste est-il dans l'erreur? il peut recevoir de vous la vérité que vous lui présentez en le ménageant: accusez-vous ses motifs, vous l'offensez, vous le provoquez; vous ne lui laissez pas le calme nécessaire pour vous écouter avec attention. Il devient partie contre vous. Le feu se communique de l'un à l'autre. Ses amis prennent fait et cause avec lui: et de-là souvent des ressentiments qui se prolongeant au-delà des débats, portent dans l'opposition politique, toute l'âpreté des haines personnelles. Ce n'est pas assez d'exclure les personnalités; il faudroit encore proscrire les expressions amères et violentes; il faudroit les proscrire comme des actes de maladresse, encore plus que comme des traits de passion.

Tous ceux qui ont suivi des Assemblées politiques savent que des expressions peu ménagées sont les sources des incidents les plus tumultueux et des écarts les plus opiniâtres (1).

5.° *Ne faire aucune mention des vœux du Prince et du Pouvoir exécutif.*

Ce vœu, par lui-même, ne prouve rien par rapport à la convenance ou à l'inconvenance de la mesure; il ne peut avoir aucun bon effet, et n'en peut produire que de mauvais.

L'admission de ce moyen seroit incompatible avec la liberté de l'Assemblée, non-seulement dans cette occasion particulière,

---

(1) L'Orateur le plus distingué de l'Angleterre, M. Fox, qui attaquoit ses adversaires avec une logique si pressante, avoit porté au plus haut degré l'art d'éviter tout ce qui pouvoit les blesser. — Dans les moments les plus animés, lorsqu'il étoit comme entraîné par le torrent de ses idées, toujours maître de lui-même, il ne manquoit jamais aux égards de la plus scrupuleuse politesse. Il est vrai que cette heureuse qualité étoit moins encore en lui un secret de l'art oratoire, que l'effet d'un caractère bienveillant, modeste dans sa supériorité et généreux dans sa force. Cependant jamais homme ne s'exprima ni plus courageusement ni moins cérémonieusement : *les mots alloient*, comme dit Montaigne, *où alloit la pensée.*

mais dans toutes : car si on peut l'alléguer une fois, on pourra l'alléguer toujours ; et si on accorde la moindre valeur à une considération de cette nature, le pouvoir de l'Assemblée est réduit à rien ; on substitue à son vœu le vœu d'un Supérieur.

Si ce vœu du Prince, énoncé par les uns, étoit disputé ou condamné par d'autres, il s'ensuivroit que le Chef de la Puissance exécutive deviendroit l'objet personnel des débats, que sa dignité seroit compromise ; et il en résulteroit l'espèce de discorde la plus fatale, celle qui peut conduire à une guerre civile.

Cette règle est depuis long-temps établie et strictement suivie dans les débats parlementaires. Le discours du Roi, à l'ouverture des sessions, ne contient que des recommandations générales, et d'ailleurs il n'est considéré que comme un acte du ministère. On le discute librement, sans faire aucune mention du Monarque ; et l'opposition l'attaque comme toute autre mesure des Ministres.

6.° *Ne citer aucune pièce justificative ou servant de preuve, qu'elle n'ait été présentée à l'Assemblée en conséquence d'une motion à cet effet.*

*Omnis demonstratio ex præcognitis et præconcessis.*

Cette règle est fondée sur deux raisons manifestes : 1.° Assurer l'authenticité de la pièce qu'on prend pour base d'une décision ; 2.° donner à chaque Membre la faculté de la connoître, et d'être informé de l'usage qu'on en veut faire.

On a vu en France les premiers Corps de l'Etat tomber, par l'oubli de cette précaution, dans des erreurs qu'on n'auroit jamais eu à reprocher en Angleterre aux Officiers les plus subalternes. Le Parlement de Paris, dans ses fameuses remontrances des 16 et 24 juillet 1787, a cité, parmi les Rois qui ont assemblé les États-Généraux, Charles V et Henri IV ; ce qui n'est vrai ni de l'un ni de l'autre (1).

Combien de fois l'Assemblée Nationale n'a-t-elle pas porté des décrets sur de simple ouï-dire, sur des faits qu'on appeloit de notoriété

---

(1) Ce fait est tiré de l'*Histoire du Gouvernement François*, p. 147.

publique, sans penser qu'il n'y a rien de plus trompeur que des rumeurs populaires, et que plus un fait seroit notoire, plus il seroit facile d'en recueillir les preuves! L'Assemblée législative envoya un des Ministres du Roi, M.[r] de Lessart, à la Haute-Cour Nationale, sur des articles d'accusation qui ne contenoient que des imputations vagues et déclamatoires, sans constater aucun fait, et sans entendre l'accusé (1).

---

(1) Chaque peuple a ses foiblesses, ses imperfections endémiques; et plus elles ont acquis d'empire, plus il est important de les connoître pour s'en garantir. De tous les défauts qu'on peut reprocher aux écrivains françois, l'inexactitude est le plus marquant, le plus incontestable. Si la nation angloise a quelque avantage décidé sur sa rivale, c'est dans la qualité opposée à ce défaut qu'il en faut chercher la cause.

Un ouvrage historique sans autorités seroit reçu en Angleterre à peu près comme un plaidoyer sans preuves, ou comme un roman. Mais en France un grand nombre d'historiens se sont cru dispensés de faire des renvois aux pièces originales. La première condition qu'ils imposent à leurs lecteurs est de les croire sur parole. Si l'auteur a eu les documents originaux sous les yeux, pourquoi n'a-t-il pas voulu les citer? Est-il plus difficile d'y faire des renvois que de les extraire? Quel fond peut-on faire sur son jugement, s'il n'a pas senti que la confiance qu'il demandoit, dépendoit de cette exac-

7.° *Ne pas permettre qu'une motion qui a été rejetée, soit présentée de nouveau dans la même session ou avant un intervalle (de trois mois).*

Cette règle a pour objet de réprimer l'opiniâtreté des partis, qui ne se lassent point de ramener des questions déjà décidées contre eux, soit qu'ils espèrent par-là entretenir le zèle de leurs partisans, soit qu'ils veuillent embarrasser les opérations de l'Assemblée.

Cette règle ne peut s'appliquer strictement qu'à des motions identiques. Un parti ne se laisse point enchaîner par la défense de reproduire une motion. S'il voit une espérance de réussir, il ne manque jamais de la représenter sous une nouvelle forme.

---

titude? Et si c'est négligence ou légèreté, ne doit-on pas présumer que celui qui se refuse au travail de fournir ses preuves, est, à plus forte raison, incapable de se donner tous les soins nécessaires pour les acquérir?

Il y a une espèce de maxime proverbiale en France, qu'il faut regarder à l'esprit sans s'appesantir sur la lettre, sans chicaner sur les mots, — comme si le sens ne dépendoit pas des expressions, comme si la justesse dans les idées ne produisoit pas la justesse dans les termes. Ce prétexte est la ressource des têtes foibles et inappliquées qui veulent passer pour fortes, car il n'est aucun défaut qui n'ait réussi à se faire un masque.

Il est bon toutefois d'insérer cet article dans le règlement ; il en résultera du moins que dans les cas ordinaires une motion rejetée ne reparoîtra pas dans la même session.

Une règle qui permettroit de rejeter des motions définitivement et sans retour, seroit le plus grand des attentats contre la liberté. Ce seroit vouloir s'enchaîner soi-même ou enchaîner ses successeurs.

## CHAPITRE XXI.

### DES AMENDEMENTS.

Au premier coup-d'œil, on seroit porté à croire qu'il n'est pas possible de classer les amendements, puisqu'ils embrassent toutes les modifications que l'esprit humain peut concevoir sur une motion donnée. Cependant en appelant à notre secours l'analyse, nous verrons cette difficulté s'évanouir.

Tous les amendements sont nécessairement relatifs *au choix des termes* ou au *mode de leur liaison*.

Les amendements qui portent sur les termes ne peuvent avoir que l'un ou l'autre de ces trois objets, *supprimer*, *ajouter*, ou *substituer*. Cette dernière opération se fait par la réunion des deux premières.

Les amendements qui portent sur la liaison des idées ne peuvent avoir pour objet que de les *diviser*, de les *réunir*, ou de les *transposer*.

La proposition originaire me paroît-elle trop compliquée? — je demande qu'on la *divise*, afin de donner à l'Assemblée la faculté d'en rejeter une partie sans rejeter l'autre.

Me paroît-il convenable que deux propositions qui sont séparées dans le projet originaire soient présentées ensemble ou de suite, — j'en demande la *réunion.*

L'amendement qui consiste à transposer tel ou tel mot, telle ou telle phrase, peut aller jusqu'à changer entièrement le projet. Le mot *seulement,* par exemple, placé dans tel endroit ou dans tel autre, peut produire un sens absolument différent.

Voilà donc les amendements réduits à six espèces, et susceptibles de recevoir des dénominations claires et précises.

Amendement { suppressif. / additif. / substitutif.

Amendement { divisif. / réunitif. / transpositif.

Ces termes techniques paroissent nécessaires pour empêcher de confondre des idées qui ne diffèrent que par des nuances très-fines. Les choses qui ne sont pas classées, et qui n'ont point de dénomination propre, sont toujours mal connues ; et on ne peut les désigner que par des périphrases souvent obscures.

Un nom propre est d'un grand secours pour

l'intelligence, pour la mémoire et pour la communication des idées. La plus grande objection qu'on puisse alléguer contre des mots nouveaux, c'est la difficulté de les entendre; mais ceux-ci dérivés des termes les plus familiers, sont parfaitement intelligibles.

Il arrive fréquemment qu'il y a plusieurs amendements offerts sur une motion, et même des amendements qui se rapportent à un amendement antérieur; c'est ce qu'on a appelé un *sous-amendement*. Dans quel ordre doit-on les discuter? Il est bien difficile de donner à cet égard des règles positives; chaque opinant soutient l'importance du sien, et veut obtenir la priorité. S'il faut toujours un débat pour en décider, la question principale se perd de vue, et l'attention de l'Assemblée s'épuise sur des accessoires.

On pourroit rendre ces contestations plus rares et plus courtes, en posant comme principe général que les amendements sur la *liaison* seroient toujours pris en considération les premiers. Quel est leur but? — de placer les objets à discuter dans l'ordre le plus convenable; — mais cet ordre une fois trouvé est celui qui tend le plus à produire une bonne discussion. Dans cette classe d'amendements, les *divisifs* devroient avoir la priorité. Les questions complexes sont l'occasion des débats les plus obscurs et les plus opiniâtres.

Dans les amendements sur le *choix des termes*, on pourroit de même poser comme principe général que les *suppressifs* doivent obtenir la priorité d'examen sur les deux autres de la même espèce. Un seul terme supprimé peut lever les objections les plus fortes, et ce qui est omis n'est plus l'objet du débat; au lieu que des amendements additifs et substitutifs peuvent être féconds en sous-amendements de la même espèce.

La valeur de ces observations ne peut être saisie et appréciée que par ceux qui ont l'expérience des Assemblées politiques. Ils savent combien les amendements multipliés produisent de confusion; et combien il seroit heureux de trouver, sinon des règles absolues, du moins un fil qui pût aider à sortir du labyrinthe.

Il reste encore bien des difficultés sur ce sujet. Dans le cas où il y a plusieurs amendements additifs en concurrence, dans quel ordre doit-on les soumettre aux votes? N'en présentera-t-on qu'un en même temps, ou les présentera-t-on tous ensemble? Si vous n'en présentez qu'un à-la-fois, en vous décidant par la priorité, vous ne donnez pas aux autres une chance égale. Il en est de même que dans les élections. Si vous aviez à choisir entre plusieurs candidats, vous ne les traiteriez pas avec égalité, si vous les mettiez aux votes l'un après l'autre. Celui qui est offert le premier auroit en général un grand avantage ; et s'il est élu, les autres sont rejetés sans avoir eu aucune chance de succès. Il faudroit donc faire voter sur des amendements rivaux, d'après le mode électif. Je n'y vois d'autre inconvénient que la longueur du procédé. — Il faudroit toutefois y avoir recours dans des cas d'une grande importance. Dans les cas ordinaires, on devroit accorder au Président la faculté de mettre aux votes les amendements dans l'ordre qui lui paroît le plus convenable, bien entendu que s'il y avoit réclamation, ce seroit à l'Assemblée à en décider.

Il est à peine besoin de dire que les amendements ne sont que des tâtonnements et des essais qui doivent admettre toutes les variations possibles. Si l'amendement passe, il ne s'ensuit pas que l'article amendé soit adopté. La motion ainsi modifiée devient l'objet du débat, et peut être rejetée. Ce qui avoit été supprimé peut être rétabli. Ce qui avoit été ajouté peut être retranché. Ce sont des mots qu'on place et déplace, comme dans des corrections de style, sans rien décider par-là sur le fonds de la composition, qui, après ce labeur, peut être condamnée au néant.

Une règle qui doit être absolue par rapport aux amendements, c'est de n'en point admettre d'*insidieux*.

J'appelle *insidieux* un amendement prétendu, qui, au lieu d'améliorer la motion, la représente comme ridicule ou absurde, et qui ne peut être adopté sans la faire tomber par cela même.

Le ridicule est un moyen très-heureux pour faire ressortir une absurdité qui ne mérite pas d'être attaquée sérieusement; mais une épigramme sous la forme d'amendement, est un jeu d'esprit qui ne convient ni à la gravité ni à la bonne foi d'une Assemblée politique. Proposer un amendement, c'est dire qu'on cherche à améliorer la motion pour qu'elle soit ensuite approuvée. Proposer un amendement qui tourne la motion en ridicule, c'est une espèce de fraude et d'insulte, semblable à ce genre particulier d'impertinence que dans la société on appelle *persiflage*.

D'ailleurs ces amendements insidieux sont tout-à-fait inutiles. Ils ne peuvent passer que dans le cas où la majorité de l'Assemblée est déjà disposée à rejeter la motion même. C'est donc prendre un détour pour aller au but qu'on peut atteindre directement. Vous ne faites par-là que nécessiter deux opérations au lieu d'une. On commence par recevoir l'amendement qui rend la motion absurde, et on rejette ensuite la motion ainsi amendée.

Appliquons ceci à ce célèbre arrêté de la Chambre des Communes en 1782, arrêté qui servit de base à une sorte de révolution dans le Gouvernement.

« Arrêté que l'influence de la Couronne s'est accrue, qu'elle va en croissant, et qu'elle doit être diminuée. »

Supposez qu'un des antagonistes de la motion eût proposé de l'adopter, en insérant un seul mot, l'*influence nécessaire*.....

Voilà un exemple de l'amendement insidieux; puisque l'insertion de ce mot rend la motion contradictoire et même criminelle, et que l'amendement étant admis, il faut que la motion soit rejetée.

Autre exemple. Une motion ayant été faite pour avoir des copies de toutes les lettres écrites par les Lords de l'Amirauté à un officier de marine, un amendement fut proposé pour ajouter ces mots : « lesquelles lettres peuvent » contenir des ordres ou être relatives à des » ordres non exécutés et subsistant encore. » Cet amendement ayant passé, la motion primitive fut rejetée à l'unanimité.

Ce mode de procéder réunissoit les deux inconvénients dont j'ai fait mention, — l'insulte et la dérision dans le but, — la ruse et la tergiversation dans le moyen : le contraire en tout de cette maxime connue, *fortiter in re, suaviter in modo.*

# CHAPITRE XXII.

## *DES MOTIONS DILATOIRES, OU D'AJOURNEMENT.*

*La motion faite et son auteur entendu, il sera permis à chaque membre, dès ce moment et jusqu'à la fin du débat, pourvu qu'il n'interrompe aucun discours, de proposer une motion dilatoire, et celle-ci prendra la place de la première motion.*

Il y a trois espèces de motions dilatoires:

Ajournement indéfini [*sine die*].

Ajournement à un terme fixe [*in diem*].

Ajournement à un terme relatif [*postquam*].

Cette dernière motion a lieu quand il est proposé d'ajourner jusqu'après un événement futur, par exemple, jusqu'après la discussion d'une autre motion ou de quelque bill déjà inscrit dans le registre, — ou jusqu'après la présentation d'un rapport qui doit être fait par un Comité de l'Assemblée, — ou d'une communication du Roi, — ou de pétitions attendues.

Toutes ces motions doivent être permises pour assurer à l'Assemblée l'exercice de sa volonté, qui ne seroit pas complètement libre, si quelqu'une de ses modifications étoit exclue.

L'ajournement relatif ou *postquam* est nécessaire pour la préserver du danger d'en venir à une décision inconvenable, faute de documents suffisants.

L'ajournement fixe ou *in diem* peut avoir le même objet, celui de procurer de nouveaux documents sur une question qui ne paroît pas encore assez instruite, ou celui d'arrêter une discussion qui prend un caractère trop vif et trop passionné.

Il y a deux sortes de précipitations : l'une provient d'ignorance quand on juge sans avoir rassemblé toutes les informations que le sujet exige. L'autre provient de passion. quand on n'a pas le calme nécessaire pour considérer la question sous tous ses aspects.

Ce qui peut arriver à un individu peut arriver à une Assemblée. L'individu peut sentir que dans la conjoncture actuelle il n'est pas assez maître de sa passion pour former une détermination prudente, mais il peut l'être assez pour n'en former aucune.

*Quos ego — sed motos præstat componere fluctus.*

« Je te battrois, disoit un philosophe à son esclave, si je n'étois en colère. »

Cette faculté de douter, et de suspendre nos opérations, est un des plus beaux attributs de l'homme.

Ces deux espèces d'ajournement ne présument rien sur le mérite de la motion; mais demander l'ajournement indéfini, c'est couper court au débat, en rejetant la motion même: or, il est assez naturel que les partisans de la motion originaire s'opposent à celle de l'ajournement, et qu'ils fassent usage de tous les arguments qu'ils auroient fait valoir en sa faveur. Dans ce cas, le débat seroit moins direct et n'en seroit pas plus court. Mais il peut arriver aussi qu'ils favoriseront eux-mêmes l'ajournement indéfini, s'ils jugent par la tournure de la discussion que les chances leur sont peu favorables, et qu'ils puissent reprendre leur objet avec plus de succès à quelque époque future.

Quand l'ajournement indéfini passe, il est probable que la motion originaire auroit été rejetée. La prompte terminaison du débat est donc une économie de temps.

# CHAPITRE XXIII.

## DE LA VOTATION.

Je vais entrer dans un sujet très-difficile et très-important. La liberté d'une Assemblée réside dans l'expression de sa volonté. Il faut donc procéder de manière que chacun puisse donner son vote conformément à son véritable vœu, et que, dans le résultat, on soit assuré d'avoir obtenu le vœu général.

Les procédés de la votation sont susceptibles de distinctions qui dérivent de plusieurs sources.

1.º Le *vote sur les questions*, le *vote sur les personnes*. Le premier a lieu quand il s'agit d'une motion à adopter ou à rejeter; le second, quand il s'agit d'une personne à élire pour un office.

Il n'y a point de différence réelle entre ces deux cas. Voter sur une élection, c'est voter sur une question, savoir si tel individu sera élu; voter sur une motion, c'est voter sur une élection, savoir si le projet sera élu ou rejeté.

2.º Le *vote simple*, le *vote composé*. Le vote est simple, quand on a réduit la question au terme où il ne reste qu'à dire *oui* ou *non*.

Tel projet sera adopté ou non. Telle personne sera élue ou non.

Le vote est composé, lorsqu'il y a plusieurs opérations à faire, lorsqu'on est appelé à prononcer entre plusieurs projets, ou à choisir une personne entre plusieurs candidats, ou à nommer à plusieurs places.

Par rapport aux motions, il faut réduire la question à la forme simple où l'on n'a plus qu'a voter par *oui* d'un côté et par *non* de l'autre.

Par rapport aux élections, le mode composé est souvent nécessaire. Qu'on ait à choisir un Comité de 24 personnes sur une Assemblée de 1200, — il y aura 1200 personnes éligibles pour chaque place, et 24 places pour chacune desquelles il faut choisir sur 1200.

3.° Soit qu'il s'agisse de motions ou d'élections, les votes peuvent être donnés *secrètement* ou à *découvert*. Le mode secret s'appelle *scrutin* ou *balotte*.

4.° Le moyen dont on se sert pour amener la décision peut être dépendant de la volonté des hommes, ou indépendant. De là une nouvelle distinction, — élection *par choix*, — élection *par sort* ou *par lot*.

5.° Il y a enfin votation *régulière* et votation *sommaire*. Dans le mode régulier, on compte tous les suffrages et l'on connoît distinctement le nombre des votes pour et contre. Dans le mode sommaire, le Président pose la question , il appelle l'Assemblée à prononcer son vœu par oui ou par non , par assis ou par levé, ou par une élévation des mains ; le Président juge quel est le parti qui l'emporte, et sa décision est valide, s'il n'y a point de réclamation.

## CHAPITRE XXIV.

### *DE LA VOTATION OUVERTE, OU SECRÈTE.*

*En général, il vaut mieux que les votes se donnent ouvertement que secrètement.*

La publicité est l'unique moyen de soumettre les votants au tribunal de l'opinion publique, et de les tenir dans le devoir par le frein de l'honneur (1).

Ceci suppose que l'opinion publique se trouvera d'accord avec le bien public.

Or, en général, cette supposition est bien fondée. Le jugement porté par le public est toujours conforme à ce qui lui paroît être son intérêt ; et, dans le cours ordinaire des choses, il voit son intérêt tel qu'il est. Il se déclare toujours contre les malversations ; il honore toujours la probité, la fidelité, la fermeté dans les Administrateurs et les Juges.

Cependant le jugement du public peut se trouver faux, puisque tous les Membres de ce tribunal sont des hommes. S'il est des mesures politiques sur lesquelles les plus sages ne sont

(1) Voy. ch. III. Publicité.

pas d'accord, que sera-ce du public qui n'est pas composé de sages ? S'il est des erreurs en morale et en législation qui ont séduit les meilleurs esprits, que sera-ce de la multitude sur laquelle les préjugés ont tant d'empire ?

On pourroit donc dire, en conséquence, que, dans les cas où l'opinion publique est erronée, il seroit à désirer que les Législateurs pussent voter en secret, pour les soustraire à une censure injuste et les rendre plus libres dans leur vote.

Cet argument n'est que spécieux ; car sur quoi est-il fondé ? Sur la présomption que l'opinion d'un petit nombre vaut beaucoup mieux que les opinions réunies d'un grand nombre. Cela peut être ; mais un homme sage et modeste sera toujours bien éloigné de s'attribuer cette supériorité sur ses semblables, de prétendre à faire triompher son sentiment en opposition au sentiment général. Il aime mieux soumettre son jugement à celui qui prévaut dans la nation, et surtout il ne voudroit pas d'une victoire obtenue par des votes clandestins, dont il connoît le danger.

Il s'ensuit donc qu'en convenant de la faillibilité du public, il faut agir à cet égard comme s'il étoit infaillible ; et qu'on ne doit jamais, sous prétexte de cette faillibilité, instituer un régime qui puisse soustraire les Mandataires du public à son influence.

Mais n'est-il pas à craindre que cette publicité ne rende les hommes trop foibles, c'est-à-dire, ne les dispose à sacrifier leur vrai sentiment à l'opinion générale? Non; ce régime tend, à la longue, à donner plus de force et d'élévation aux caractères. L'expérience fait bientôt connoître combien il y a de différence entre l'opinion qui naît d'une circonstance particulière, et celle qui se forme après de mûres réflexions; entre les clameurs d'une multitude qui se dissipent comme un vain bruit, et le jugement éclairé des sages qui survit aux erreurs passagères. La franchise des opinions concilie le respect de ceux même que l'on contrarie, et le courage de l'esprit n'est pas moins honoré dans les États libres que la bravoure militaire.

C'est donc dans une juste connoissance de l'opinion publique qu'on prend des forces pour lui résister, quand on la juge mal fondée. On en appelle à elle-même, comme de Philippe mal instruit à Philippe mieux informé. Ce n'est pas toutefois d'après l'opinion que l'homme éclairé et vertueux se décide; mais il présume, en consultant l'utilité générale, que l'opinion publique prendra le même cours; et il n'y a point de probabilité morale plus forte que celle-là dans un pays où la discussion est libre.

Tels sont les principes dont il faut partir pour établir la règle générale sur la publicité des suffrages.

Toutefois cette règle peut être soumise à des exceptions très-étendues.

Les cas où la publicité seroit dangereuse sont ceux où elle exposeroit les votants à l'influence de motifs *séducteurs* plus forts que le motif *tutélaire* qu'elle fournit.

Pour juger si un motif doit être rapporté à la classe des motifs séducteurs ou des motifs tutélaires, il faut examiner si, dans le cas en question, il tend à produire plus de bien ou plus de mal, — s'il tend à favoriser le plus grand nombre ou le plus petit.

S'agit-il, par exemple, pour un Noble, de se décider entre son intérêt personnel et l'intérêt du Corps de la Noblesse? le motif, quel qu'il soit, qui le porte à préférer cet intérêt général au sien, mérite d'être appelé *tutélaire*. S'agit-il, pour ce même Noble, de se décider entre l'intérêt du Corps de la Noblesse et celui de la masse totale des Citoyens? ce même motif, déposant sa qualité tutélaire, ne doit plus être considéré que comme un motif *séducteur.*

Ainsi, *l'esprit de Corps*, principe social, quand il en résulte le sacrifice de l'intérêt individuel à celui de cette société particulière, devient anti-social quand il en résulte le sacrifice des intérêts de la grande société du public.

Même observation par rapport à l'amitié. Si ce motif me porte à servir mon ami aux dépens de mon intérêt, il est social et tutélaire. S'il me porte à le servir aux dépens du bien général, ce même motif devient anti-social et séducteur.

D'après ces considérations, il faut ajouter à la règle générale de la publicité une clause limitative.

*Les suffrages doivent être donnés secrètement dans tous les cas où il y a plus à craindre de l'influence des volontés particulières qu'à espérer de celle de l'opinion publique.*

Quels sont ces cas? Pour résoudre cette question, il faut distinguer deux espèces d'intérêt, l'un *factice*, l'autre *naturel.*

L'intérêt est purement factice dans le cas où le votant n'a rien à perdre ou à gagner en conséquence de son vote, qu'autant que ce vote est connu.

L'intérêt est naturel dans le cas où le votant doit perdre ou gagner en conséquence de son vote, lors même qu'il seroit inconnu.

Par exemple, l'intérêt qui résulte d'un contrat par lequel je m'engage à vendre mon suffrage à un étranger, est un intérêt factice.

L'intérêt qui me porte à voter pour procurer à mon père ou à mon fils une place lucrative, est un intérêt naturel et préétabli.

Le *secret* dans les suffrages détruit l'influence de l'intérêt factice ; il ne peut rien contre l'influence de l'intérêt naturel.

Sous le régime secret, l'acheteur ne peut pas avoir une assurance suffisante que le contrat sera fidellement exécuté par le vendeur : celui-ci peut être assez malhonnête homme pour commettre une fripponnerie, et ne l'être pas assez pour une trahison. Le moindre crime est toujours plus probable que le plus grand.

Le régime secret a donc une tendance utile dans les circonstances où la publicité exposeroit le votant à l'influence d'un intérêt particulier, contraire à l'intérêt public.

Le régime secret sera donc convenable, en général, dans les élections. Les votes se donnent-ils de vive voix? il n'est personne qui ne sache à quel point l'amitié, l'espérance ou la crainte ôtent la liberté des suffrages.

Ce seroit un grand mal si, dans les élections, surtout dans les élections populaires, l'effet du secret étoit d'anéantir toute influence. Cette idée d'indépendance absolue dans les votes seroit absurde. Ceux à qui leur situation ne permet pas d'acquérir des connoissances politiques ont besoin d'être conduits par des hommes plus éclairés. Mais heureusement le mode secret d'élection ne diminue point l'influence d'esprit sur esprit; il ne porte que contre l'influence de volonté sur volonté. Toutes choses d'ailleurs égales, l'homme constitué en dignité aura, dans les Assemblées électives, plus d'ascendant qu'un citoyen obscur; l'homme distingué par ses services en aura plus que celui qui ne s'est pas élevé au-dessus du niveau commun. Le propriétaire opulent que l'emploi de sa fortune offre en spectacle aux regards de la multitude, sera plus volontiers pris pour modèle qu'un individu renfermé dans un cercle étroit. Cette prépondérance de l'aristocratie est aussi naturelle que juste et nécessaire. Ces avantages de l'opulence et du rang suffiront, en cas d'équilibre, pour faire pencher la balance : mais que l'un des Candidats se soit exposé au mépris public, que l'autre, sortant de son obscurité, ait acquis la faveur générale, le prestige est rompu; et si les votes sont libres, le mérite l'emportera sur la fortune.

Il est bon d'observer que le mode secret n'exclut pas, pour ceux qui en auroient le désir, la faculté de faire connoître leurs sentiments. Un secret forcé et universel dans les élections seroit une très-mauvaise mesure. Ce silence servile seroit en contradiction avec un acte de liberté. Chaque Candidat doit avoir ses amis, ses défenseurs, pour faire valoir ses titres auprès de l'Assemblée, pour dissiper des imputations fausses; en un mot, pour éclairer la religion de ses Juges : car procéder à une élection, c'est faire le procès aux Candidats, aux fins d'accorder une récompense : exclure la discussion préalable de vive-voix, c'est juger la cause de ces Candidats et celle du public, sans donner aux intéressés la faculté de se faire entendre (1).

(1) Ceci dépend des circonstances. Les citoyens de Genève procédoient à l'élection de leurs magistrats dans une Eglise, sans que personne eût le droit de faire un discours. Mais dans un si petit Etat, où les hommes publics étoient sans cesse sous les yeux de tous, une discussion publique eût été plus dangereuse qu'utile.

Depuis que Genève a recouvré son indépendance,

Il est vrai que ces débats publics, ces manifestations de parti, produisent quelquefois, dans les élections populaires, une fermentation tumultueuse; mais c'est un très-petit mal, comparé à celui de gêner l'expression des sentiments publics. C'est par cette liberté que le peuple s'intéresse aux choses et aux personnes; il se forme des liens plus solides entre les Électeurs et les Élus; et même, en Angleterre, où ces époques reviennent rarement, la crainte de ces espèces d'Assises populaires exerce une influence marquée sur tous ceux qui se vouent à la carrière politique.

Avec ce mélange de publicité, la votation secrète me paroît donc la plus convenable pour les élections, c'est-à-dire, la plus propre à déjouer la vénalité, à assurer l'indépendance des Électeurs. Je ne vois, en matière politique, aucun autre cas où on puisse la recommander par une règle générale. Mais toutefois il convient d'observer ici qu'une Nation peut se trouver dans des circonstances particulières qui

---

les élections des magistrats se font par un Conseil représentatif. On n'y a point admis de discussion sur le mérite des candidats, et par la même raison. L'exemple de l'Angleterre ne paroît pas applicable en ceci à des gouvernements de famille.

demanderoient le même régime sur d'autres points. Il se peut, par exemple, qu'à l'époque où on introduisit le suffrage secret dans la République Romaine, ce changement fut convenable. Ciceron en jugea autrement.

Cependant l'adoption de l'une de ces méthodes n'exclut pas l'autre. Il est des cas où il seroit avantageux de les combiner, en les faisant succéder sur la même question. Les résultats des deux opérations, soit qu'ils fussent les mêmes, soit qu'ils fussent différents, fourniroient toujours les indications les plus instructives.

J'en trouve un exemple bien singulier dans les derniers jours de la Pologne, lorsqu'elle tenta un dernier et généreux effort pour se soustraire à l'influence dominante de la Russie.

Le Conseil permanent, dépositaire de la Puissance exécutive, exerçoit le pouvoir suprême dans l'intervalle des Diètes. Ce Conseil, intimidé ou corrompu, n'étoit plus que l'instrument des volontés de la Russie. Il s'agissoit d'une armée à lever pour faire respecter le territoire. Il fut proposé de soumettre cette armée aux ordres d'une Commission indépendante de ce Conseil. Le 16 octobre 1788, on alla aux ~~voix~~ sur cette proposition. Recueillies publiquement, elles présentèrent une majorité de 80 contre 60 pour le parti négatif. La voie secrète réduisit cette majorité à 7 (1).

Le 3 novembre, la même proposition fut remise. La voie ouverte donna pour l'indépendance de la Commission 114 contre 149 ; mais la voie secrète fit tourner la majorité de l'autre côté : —pour l'indépendance 140 ; contre, 122. Ainsi, sur 262 voix, ce changement de méthode avoit fait une différence de 53 (2).

Si l'on établit la voie secrète, ce ne peut être que dans des circonstances qui font soupçonner une influence cachée, et il convient même alors qu'elle soit précédée de la voie ouverte. La publicité doit être le régime ordinaire. Le secret ne doit être admis que par manière d'appel. Réclamer le scrutin, c'est en appeler du vœu apparent de l'Assemblée à son vœu réel.

Suivre la marche contraire, c'est-à-dire, procéder de la voie secrète à la voie ouverte, seroit un contre-sens. L'ordre naturel est de passer du faux, ou de ce qu'on soupçonne faux, à la recherche du vrai. Le vœu réel une fois

---

(1) Courrier de l'Europe du 22 Nov. 1788.

(2) Gazette de Leide, 5 Déc. 1788.

obtenu, à quoi serviroit d'en faire donner un autre qui ne sera pas le vœu réel, s'il diffère du premier?

Ces deux méthodes, pour avoir tout leur effet, doivent être portées au plus haut degré possible. Dans la voie secrète, le secret ne peut pas être trop profond; dans la voie ouverte, la publicité ne peut pas être trop grande. L'arrangement le plus abusif seroit celui d'une demi-publicité, comme dans le cas où les votes seroient connus de l'Assemblée, et resteroient secrets par rapport au public. Les individus seroient exposés dans leurs votes à toutes les influences séductrices, et seroient soustraits à la principale des influences tutélaires. C'est là le régime qu'il faudroit établir, si l'on vouloit assurer la punition de la probité et la récompense de la prévarication.

Dans les Gouvernements où il y a des Assemblées publiques, à côté d'un Monarque puissant dont on redoute l'influence, on a pu croire que la voie secrète devoit être le régime ordinaire, pour soustraire les Membres à l'intérêt *factice* que le Monarque peut créer par des menaces ou des récompenses.

Si le Monarque peut agir sur l'Assemblée par des moyens de force, des emprisonnements, des destitutions, la sûreté n'existe pas, la liberté n'est que nominale. Les Membres intimidés trouveront, dans le vote secret, un asile contre l'opinion publique.

Relativement aux voies de séduction, on peut arrêter celles qui sont publiques par des lois qui excluent de l'Assemblée ceux qui possèdent tels ou tels emplois à la nomination du Prince.

Quant aux faveurs clandestines, à ce qu'on appelle la corruption, leur danger ne peut jamais être égal dans une nombreuse Assemblée au grand effet antiseptique de la publicité. Le nombre d'hommes qu'on peut réduire à la dépendance par de tels moyens ne sera jamais considérable; la plupart seront retenus par le frein de la honte, et encore plus par le frein de la destitution, dans une Assemblée amovible.

Le Prince accorde-t-il des grâces perpétuelles? il n'achète le plus souvent que l'ingratitude. Accorde-t-il des faveurs périodiques? ces négociations secrètes sont trop honteuses et trop périlleuses pour être fréquentes. — Une espèce d'honneur enjoint-elle l'observation d'un marché clandestin? une autre espèce d'honneur en ordonne l'infraction, au moins dans les cas où on ne pourroit l'observer sans heurter ouvertement l'opinion publique.

## CHAPITRE XXV.

### *DE LA VOTATION SOMMAIRE ET DE LA VOTATION DISTINCTE.*

TOUTE Assemblée politique nombreuse et appelée à un grand nombre d'opérations, a dû être bientôt conduite par la nécessité d'économiser le temps à recueillir les votes *par un mode sommaire,* se contentant de les connoître par approximation, dans les cas où le résultat est manifeste, et où il n'importe pas d'arriver avec précision à leur nombre respectif. Or, la plupart des motions relatives au courant des affaires sont de cette nature.

Il vaut mieux prendre les votes par un signe visible que par acclamation, surtout si l'Assemblée est nombreuse. Le sens de la vue est un juge plus sûr que celui de l'ouïe. Les mains levées ou les personnes debout sont toujours distinctes; les voix se confondent plus facilement. Les proportions paroissent-elles douteuses? l'opération par assis et levé peut se répéter ou se prolonger sans inconvénient. Des acclamations prolongées ou réitérées seroient également ridicules et incommodes.

D'ailleurs la voix est un témoin trompeur. La force des poumons, ou l'ardeur de parti, peut donner au petit nombre une apparence de majorité, ou du moins rendre le résultat plus souvent douteux, et nécessiter la votation distincte.

Ces acclamations doivent être évitées par une autre raison. Elles ont une qualité contagieuse qui tend à enflammer les esprits et à produire des querelles. Dans les affaires qui intéressent vivement les partis, c'est une sorte de cri de guerre.

Le mode par assis et levé met les votants à découvert. Le mode par acclamation les cache dans la foule. On peut s'en servir pour étouffer toute opposition, pour opprimer la liberté et faire triompher le mensonge.

En effet, dire qu'une chose a passé par acclamation, c'est vouloir faire entendre qu'elle a passé unanimement : mais si cette unanimité étoit réelle, on gagneroit beaucoup à lui donner l'épreuve de la votation distincte.

*Les votes ne seront pas pris successivement, mais tous à la fois, autant que cela est possible.*

Il s'agit ici des cas où les votes sont pris ouvertement. Cette manière de prendre les votes simultanément n'est pas seulement recommandée comme sommaire ; elle l'est aussi comme étant plus favorable à la liberté des suffrages, comme tendant à affoiblir l'influence de l'autorité et celle des partis, du moins dans les cas où il n'y a point eu de disposition préconcertée.

La votation distincte ou régulière est celle par laquelle tous les votes sont pris et comptés. Cette opération s'appelle *diviser* l'Assemblée.

Elle peut se faire par plusieurs moyens, par des listes sur lesquelles chaque Membre inscrit son suffrage, ou par des jetons, ou par un simple changement de place de la part des votants. Le choix dépend des circonstances ou de la nature des Assemblées. Les précautions doivent porter contre les fraudes possibles, soit du côté des votants, pour qu'ils ne donnent pas plusieurs suffrages, soit du côté des vérificateurs, pour qu'ils ne puissent pas falsifier les votes.

La votation distincte est nécessaire pour deux raisons : 1.° pour vérifier une première déclaration de pluralité, si elle est exposée au moindre doute ; 2.° pour assurer l'exécution de la loi de la publicité.

Chaque Membre doit avoir le droit de la réclamer, par une simple formule signée, remise au Président. *Je requiers la division* (1). Car on ne sauroit contester à chaque Membre le droit de savoir si la décision est réellement conforme au vœu de l'Assemblée, ou celui d'en appeler à l'opinion publique, en faisant connoître ceux qui votent pour ou contre une mesure.

Celui qui demande la *division* ne peut avoir que l'un ou l'autre de ces deux objets. La disproportion est-elle manifeste? il veut faire connoître les forces relatives des deux partis, ou il veut soumettre les votants à la loi de la publicité. Dans ce cas, c'est une espèce d'appel au peuple contre la décision de la majorité, ou, pour parler en rigueur, c'est une dénonciation des votants.

---

(1) La forme usitée dans la Chambre des Communes n'est pas si simple ni si conforme à la vérité. L'Orateur déclare-t-il que la majorité est pour les *oui?* les *oui l'emportent.* Il faut, pour diviser la Chambre, qu'un Membre de l'autre parti nie la vérité de ce rapport, et dise : *les non l'emportent*, dans le cas même où il auroit voté seul contre des centaines. Je sais bien que cette assertion, fondée sur un ancien usage, n'est entendue ni comme un démenti à l'Orateur, ni comme l'opinion de celui qui parle. Mais où est la convenance, où est l'utilité, pour une Assemblée Législative, de suivre une forme qui seroit partout ailleurs une indécence et un mensonge?

S'il y avoit abus de ce privilége par la fréquence des divisions pour des objets peu importants, on pourroit y remédier en exigeant le concours d'un certain nombre d'individus pour requérir la votation distincte ; — mais un tel abus n'est guère probable. Un individu n'aura pas souvent le désir de diviser l'Assemblée, uniquement pour mettre en évidence qu'il est seul contre tous.

Le mode usité dans la Chambre des Communes me paroît sujet à divers inconvénients.

Toutes les affaires sont suspendues, l'Assemblée est dans un état de confusion, pendant qu'on fait le compte des voix de ceux qui sortent de la Chambre et de ceux qui restent. Cette marche tumultueuse des partis, et cette interruption qui dure souvent une demi-heure, n'a pas la dignité qui devroit caractériser une Assemblée Législative.

Mais c'est là le moindre mal. Comme ce dérangement n'est agréable à personne, on s'abstient souvent du vote régulier pour sauver cet embarras ; et comme il est particulièrement désagréable à ceux qui ont à subir une expulsion temporaire, c'est un sujet de controverse de savoir sur qui l'inconvénient doit tomber. Pour décider de cette controverse, il a fallu une règle ; mais la règle elle-même a produit un essaim de questions de la métaphysique la plus abstruse. On feroit un volume des difficultés qu'a fait naître cette branche de jurisprudence parlementaire ; et dans cent occasions, cette grande Assemblée s'est occupée à discuter des points tout aussi clairs en eux-mêmes que la fameuse question de l'École : *Utrum chimœra bombinans in vacuo posset comedere secundas intentiones* (1).

Ces créations inutiles de science ont pour effet commun de gêner la liberté et de nuire au vrai savoir. La majeure partie des hommes, reculant d'effroi à l'aspect de ce labyrinthe, se résignent implicitement à se laisser conduire par ceux qui ont voulu acheter, au prix d'une étude aride et dégoûtante, le privilége de la domination. Ici comme ailleurs, le mystère ouvre la porte à l'imposture.

Créer le monde de rien a été l'ouvrage de la

---

(1) La règle générale qui a servi de base à toute cette ridicule science est « que ceux qui votent pour suivre les ordres de la Chambre doivent rester : ceux qui votent pour introduire quelque nouvelle matière doivent sortir. »

Journaux des Communes. 10 Déc. 1640.

11 Hatsell. 134.

puissance divine. Créer une science de rien et pour rien, a été souvent l'emploi de la folie humaine.

Par une suite de ces subtilités, il y a une circonstance plus bizarre encore dans la votation angloise; c'est qu'un Membre peut être forcé de voter contre son gré, et que l'Assemblée Législative commet un acte de faux. « Si » les Membres, dit M.r Hatsell, ont, par inat- » tention ou par quelque autre circonstance, » négligé de sortir avant que la porte fût fer- » mée, il n'est plus à leur option de voter » comme ils veulent; ils sont comptés comme » votant avec ceux qui sont restés dans la » Chambre, quoiqu'on sache que leur vote est » contraire à leur inclination connue et avouée. » Hatsell. II. 141.

Ce mode de voter est un usage antique, établi dans un temps où l'imprimerie n'étoit pas inventée, et où l'art d'écrire n'étoit pas commun. Dans l'ancienne Rome, le Sénat Romain votoit à peu près de la même manière: *Manibus pedibusque descendo in sententiam vestram* (1).

---

(1) Ce qui montre bien l'inutilité de cette forme, c'est que quand les mêmes individus, en même nombre, donnent à leur Assemblée le nom de *Comité général*, cette expulsion n'a pas lieu. Dans ce cas, ils ont dé-

Je ne dirai qu'un mot de la pratique françoise. Il en a été parlé ailleurs. Dans l'Assemblée Nationale, le mode sommaire avoit lieu *par assis et par levé.* Ce mode régulier s'opéroit par *un appel nominal :* moyen si long, si fatiguant, si peu favorable à l'indépendance individuelle, qu'on seroit tenté de croire que le parti dominant l'avoit conservé comme un moyen d'intimider les foibles. Il est vrai qu'on imposoit silence aux tribunes, qu'on leur défendoit les signes d'improbation ou d'approbation ; mais le peuple souverain se mutinoit souvent contre ces défenses.

Dans la votation régulière, on doit exiger de tout Membre de donner son vote ; cette obligation est fondée sur la nature de son mandat, comme nous le verrons plus en détail en traitant de l'*absence.* On ne peut, ce me semble, se dispenser de ce devoir que par indifférence, par pusillanimité ou par corruption.

Non, dira un homme sage, je ne vote point parce que je ne suis pas assez éclairé sur la

---

couvert que les deux côtés d'une chambre sont aussi propres à marquer la séparation des deux partis que deux chambres différentes. On pourroit bien, à la longue, profiter de cette découverte.

question, je crains également de me tromper en me déclarant pour ou contre.

En effet, l'indécision est un état où l'on peut être. L'esprit est aussi susceptible de cette modification que des deux autres. Exiger une réponse affirmative ou négative d'un homme qui est dans le doute, c'est substituer la contrainte à la liberté, c'est le forcer à mentir. Les anciens Romains, en matière pénale, avoient saisi la distinction de ces trois états de l'esprit, et ils avoient trouvé des formules pour les exprimer. *Absolvo*, — *condemno*, — *non liquet*. Les Jurisconsultes et les Législateurs qui ont puisé tant de lois absurdes et atroces dans la Jurisprudence Romaine, n'ont jamais pensé à adopter cette disposition si simple, cet hommage religieux à la vérité.

Je propose, en conséquence, une nouvelle forme de suffrages. On n'a eu jusqu'à présent que deux listes ou deux balottes, l'une pour les *oui*, l'autre pour les *non* : j'en établis une troisième pour les *indécis*.

Mais, dira-t-on, pourquoi exiger d'un homme de voter, tandis qu'on lui permet de donner un vote qui n'aura d'effet ni d'un côté ni de l'autre?

C'est qu'un vote *indécis* soumet l'individu qui le donne au jugement de l'opinion publique.

En s'abstenant de voter, on échappe à l'observation, ou on peut se couvrir de différentes apologies. Mais admettez un vote d'*indécision* dans un cas où l'intérêt public est manifeste, le votant ne pourroit pas se soustraire à la censure ; on y verroit son crime ou son incapacité d'une manière aussi indubitable que s'il eût pris décidément le mauvais parti.

Dans les cas qui admettent des doutes de bonne foi, le nombre des indécis serviroit à éclairer l'Assemblée, et à lui montrer qu'une délibération n'a pas atteint son point de maturité (1).

---

(1) Il me semble que cette forme, très-applicable à des *faits*, l'est beaucoup moins à des *lois* à faire. Celui qui est *indécis* doit être pour la négative, car il ne voit pas une raison suffisante pour faire la loi. *Dans le doute abstiens-toi.* Cette maxime de Confucius est plus applicable en matière de législation qu'en toute autre.

Et si les *indécis* étoient le plus grand nombre, que feroit-on ! L'indécision dans ce cas n'auroit-elle pas force négative !

Le vote par *indécis* seroit admissible dans un Comité général, pour mieux juger si la délibération doit être ajournée ou continuée ; mais il n'est pas nécessaire, car la motion d'ajournement en tient lieu. Tous ceux qui sont encore *indécis* ne peuvent manquer de l'appuyer, pour se donner le loisir d'acquérir de nouvelles lumières.

## CHAPITRE XXVI.

### *DES COMITÉS.*

PLUS une Assemblée est nombreuse, moins elle a d'aptitude à certains travaux. En se divisant en Comités, elle se multiplie, elle se résout en plusieurs parties, dont chacune est plus propre à atteindre un certain but que ne le seroit Corps entier.

Chaque Comité peut s'occuper d'une affaire différente ; les travaux se distribuent, leur marche est accélérée ; on peut donner à tous les détails d'un projet nouveau un degré d'attention dont une grande Assemblée seroit incapable. Cette formation de Comités ou de Bureaux est absolument nécessaire pour rassembler des documents, pour se livrer à des recherches préparatoires, qui exigent qu'on entende un grand nombre d'individus, pour vérifier des comptes, etc., etc.

C'est là souvent qu'on peut perfectionner la rédaction d'une loi, espèce de travail qui se fait très-mal dans une grande Assemblée, et qui occasionne une perte de temps considérable.

Relativement aux grandes mesures législatives, les deux Chambres du Parlement sont dans l'usage de se convertir elles-mêmes en Comité général, pour les discuter sous une forme plus libre que dans le débat régulier. Voici les points de différence de ces deux régimes.

| Dans la Chambre, | Dans le Comité général, |
| --- | --- |
| 1. La motion ou le Bill est considéré in *globo*. | 1. La motion ou le Bill est considéré article par article *sigillatìm*. |
| 2. Un Membre ne peut parler qu'une fois, excepté pour expliquer. | 2. Sur chaque article, chaque Membre peut parler aussi souvent qu'il le veut. |
| 3. L'Assemblée est présidée par son Chef ordinaire. | 3. Le fauteuil est occupé par un Président temporaire *ad hoc*. |
| 4. Chaque motion doit être secondée. | 4. Une motion n'a pas besoin d'être secondée. |
| 5. Quand on *divise*, une des parties reste dans la salle, et l'autre passe dans l'anti-chambre. | 5. La division se fait par les deux parties, transmigrant d'un côté de la chambre à l'autre. |
| 6. La motion peut être écartée par la question préalable. | 6. La question préalable n'est pas admise. |

De ces distinctions, les unes me paroissent très-utiles, les autres tout-à-fait arbitraires.

1.° Il est très-convenable que les bills et les

motions composées d'une série d'articles subissent deux discussions différentes : d'abord *in globo*, et ensuite *article par article*. Je ne reviens pas sur ce point, qui a été déjà traité dans le chapitre des trois débats (Ch. XVII).

2.° Il est très-convenable que dans des sujets importants il y ait deux formes de débat, le débat strict où chaque Membre peut parler, et ne peut parler qu'une fois; le débat libre où on a la liberté de réplique.

3.° Quant au changement de Président, on a montré ailleurs les inconvénients de donner au Chef de l'Assemblée le droit de s'associer à la discussion. C'est un Juge, et il ne faut pas exposer ce Juge au danger de se pénétrer des affections d'un parti.

Les Comités ou Bureaux doivent-ils être nommés pour la session entière ou pour chaque occasion? Cela doit dépendre des objets et des circonstances. Pour les matières de finance, de commerce, d'économie politique, on trouvera dans un Comité permanent plus de suite, plus d'expérience et de connoissances spéciales.

Les Comités occasionnels ont l'avantage de pouvoir être composés de Membres qui, à raison d'une étude particulière de l'objet en question, peuvent être considérés comme des *Ex-*

*perts*. Comme ils ne sont chargés que d'un seul travail, ils y porteront plus d'application et d'émulation pour justifier la confiance de l'Assemblée.

La grande difficulté est dans la manière de nommer les Comités. Le meilleur mode peut-être seroit de commencer par une indication libre. Chaque Membre, à son gré, pourroit désigner quelque individu qui deviendroit Candidat; et, d'après cette liste, on feroit la nomination à la majorité relative des suffrages.

Mais, quel que soit le mérite de ces Comités, il ne faut pas que l'Assemblée se repose sur eux au point de se dispenser de l'un ou l'autre des *trois débats* ; on risqueroit de transférer insensiblement le pouvoir de tous à un petit nombre d'individus naturellement exposés à des influences secrètes.

# CHAPITRE XXVII.

## *DE LA FACULTÉ DE S'ABSENTER.*

Je commence par deux propositions : — l'une, que dans toute Assemblée Législative l'absence, ou, pour mieux dire, l'*absentation* des Membres est un mal ; — l'autre, que ce mal est assez grave pour justifier une loi de contrainte.

Les inconvénients peuvent se ranger sous six chefs :

1. Facilité de prévarication.
2. Occasion de négligence.
3. Admission d'individus moins capables.
4. Inaction de l'Assemblée quand le nombre requis pour la validité de ses actes ne s'y trouve pas.
5. Danger de surprises.
6. Diminution de l'influence populaire de l'Assemblée.

1. *Facilité de prévarication.* C'est plus que facilité, c'est sûreté entière, non pour une prévarication complète, mais pour une demi-prévarication. Supposez une mesure si mauvaise qu'un Député, s'il étoit présent, ne pût, en honneur, se dispenser de voter *contre.* —

Craint-il d'offenser un protecteur, un Ministre ou un ami ? il prend le parti de s'absenter ; son devoir est trahi, et sa réputation n'est pas compromise.

Chaque votant produit par son vote deux effets égaux et distincts ; il prive un parti d'un suffrage, et il en donne un à l'autre. L'absent ne produit qu'un de ces effets, mais c'est toujours la moitié du mal.

2. *Négligence.* Est-on obligé de voter sur toutes les questions ? on est conduit naturellement à leur donner quelque degré d'attention, et à se faire un avis à soi, sous peine de tomber dans une nullité absolue. Mais ce motif d'honneur n'existe plus quand on peut s'absenter librement. On abandonne la partie plutôt que de se compromettre. On se livre à l'indolence ; et plus on néglige les affaires, moins on est en état de s'en occuper.

3. *Admission de sujets moins capables.* Dès qu'un emploi donne de la considération et du pouvoir sans imposer aucune gêne, il sera brigué, acheté, trafiqué par des hommes qui n'ont ni la volonté ni la faculté de s'y rendre utiles.

Ces places deviendront souvent l'apanage de la fortune et de la dignité ; mais s'il falloit en remplir assidument les fonctions, ces petits motifs de vanité ne tiendroient pas contre la gêne du travail. On ne verroit plus parmi les Candidats que ceux qui trouvent dans les fonctions publiques quelque attrait particulier ; et, quoique le goût pour un emploi ne fasse pas preuve de talent, il n'est point de meilleur gage de l'aptitude au travail que le plaisir qui l'accompagne.

4. *Inaction par défaut de nombre requis.* Ce mal tient au précédent. Dès que les places seront occupées par des hommes qui n'en aiment que la décoration, ils se dispenseront au moins du courant des affaires. Il en faudra venir à l'expédient de fixer un *quota* pour former une Assemblée, et cet expédient même produira des jours d'inaction.

5. *Danger de surprises.* On peut considérer comme surprise toute proposition dont le succès a résulté de l'absence, et qui auroit été rejetée dans l'Assemblée complète.

6. *Affoiblissement d'influence.* L'opinion publique, dans un Gouvernement représentatif, est naturellement disposée à se conformer au vœu de l'Assemblée, et ne demande qu'à le connoître. Mais le vœu de l'Assemblée entière auroit-il été celui de la portion dont la décision émane ? Voilà ce qui devient plus probléma-

tique, à mesure que cette partie s'éloigne de la totalité. La partie absente est-elle plus grande que la partie présente? le public ne sait plus à quoi s'en tenir. En tout état de cause, l'Assemblée incomplète aura moins d'influence que l'Assemblée complète.

### *Moyens préventifs.*

Je me borne ici à l'idée générale. Le premier de ces moyens consiste à exiger de chaque Membre, au commencement de chaque quartier, un dépôt contenant autant de fois (50 liv.) qu'il peut y avoir de jours de séance dans ce quartier. Ce dépôt lui sera rendu à la fin du terme, déduction faite de (50 liv.) pour chaque jour d'absence.

Si les Députés reçoivent un salaire, ce salaire sera mis en dépôt pour subir la même retenue et de la même manière.

Cette retenue aura toujours lieu sans exception, même dans les cas où l'absence est motivée par les excuses les plus légitimes.

Ce moyen paroîtra d'abord singulier, c'est-à-dire qu'il est nouveau; — mais ce n'est pas là une objection, s'il est particulièrement efficace. Il appartient à cette classe de lois qui *s'exécutent d'elles-mêmes* (1). Au lieu de cette retenue, établissez une amende égale. — Il faut dès-lors un accusateur, une procédure, un jugement; au contraire la déduction n'est sujette à aucune incertitude; elle s'opère d'après un simple calcul, et n'a point le caractère d'une loi pénale.

Les émoluments sont le prix d'un service. Peut-on se plaindre qu'on y attache la condition du service rendu?

Si l'emploi est de nature à être accepté sans salaire, la chance de perdre une partie du dépôt doit être envisagée comme le prix de la place.

Admettre des cas d'exception, ce seroit dénaturer ce moyen. Son essence est dans son inflexibilité. Admettez les excuses, vous admettez la mauvaise foi, vous admettez la faveur; le refus de les recevoir devient un affront: à l'économie rémunératoire, vous substituez l'économie pénale. Mais, en cas de maladie, faut-il ajouter à ce malheur naturel un autre mal factice? Oui, pour une occasion si importante. L'homme de profession, l'artisan ne sont-

(1) V. Théorie des Peines et des Récompenses. T. II. Ch. IV.

ils pas sujets aux mêmes pertes? Au prix de ce seul inconvénient, on prévient des contraventions sans fin, on assure le service public, qui ne sauroit être assuré par un moyen plus facile et plus doux.

Cet expédient même ne suffiroit pas. Il faut y ajouter une peine coercitive, car c'est toujours là qu'il faut arriver pour donner de la force aux lois. Je propose seulement un jour d'arrêt pour chaque contravention, bien entendu que chaque excuse légitime d'absence est admise pour l'exemption de cette peine.

Ceci est nécessaire pour embrasser une classe d'hommes sur qui la perte du dépôt n'auroit qu'une influence incertaine.

Ne verroit-on pas des riches tirer vanité d'un pareil sacrifice? Ne seroient-ils pas disposés à acquérir un poste honorable à titre onéreux? Ne verroit-on pas des devoirs ouvertement enfreints, et une sorte de gloire attachée à cette infraction même? Il se formeroit peut-être deux classes dans l'Assemblée, ceux qui seroient payés pour leurs fonctions, ceux qui paieroient pour ne pas les remplir; et comme l'opulence donne le ton, il pourroit en réjaillir une espèce d'avilissement sur la classe utile et laborieuse.

Il faut donc une peine qui soit telle pour

tout le monde, — une peine très-légère, mais inévitable. Il est vrai que les excuses seront admises; mais il n'est pas naturel que, pour éviter le désagrément d'un jour d'arrêt, on compromette son honneur par un mensonge.

Ces moyens seront encore corroborés par un registre, dans lequel tous les cas d'absence seront spécifiés. Le nom des Membres absents y sera inscrit, avec la date du jour de l'absence, pour indiquer la séance ou les séances dont il s'est absenté, les excuses qu'il a données ou les jours d'arrêt qu'il a subis. Ce mémoire sera imprimé à la fin de chaque session.

Le pouvoir d'accorder des congés ne doit pas exister. Ce pouvoir réduiroit bientôt la demande qui en seroit faite à une formalité futile.

Si ce règlement eût existé dans le Sénat de Rome, les lettres de Ciceron ne contiendroient pas tant de plaintes amères contre ces Sénateurs qui le laissoient presque seul lutter contre la corruption et l'intrigue, pour se livrer à leurs plaisirs dans un repos voluptueux, ou plutôt pour éviter de se compromettre, et prévariquer sans danger.

Pour savoir jusqu'où peut aller l'abus de l'absence, il faut considérer ce qui se passe en Angleterre.

Dans la Chambre des Communes, sur 658 Membres, on exige la présence de 40, et souvent ce nombre ne se trouve pas. Les Annales offrent peu d'exemples d'une séance où il n'ait manqué un cinquième du nombre complet. Qu'on juge par là du cours ordinaire.

Les deux tiers de cette Assemblée sont composés de personnes pour qui les fonctions du Parlement ne sont qu'un objet secondaire. Mettez à part les hommes en place, et les Chefs de l'Opposition qui cherchent à leur succéder, il reste des hommes de loi, des négociants, des hommes du monde, qui, à moins d'un intérêt particulier dans une question, ne vont à la Chambre que comme à un spectacle, pour varier leurs amusements. Ils s'en éloignent pour le moindre plaisir. Ce sont eux qui, en général, composent la classe dont les deux partis se disputent les suffrages, et à laquelle ils adressent leurs plaidoyers.

Faut-il s'en prendre aux individus? Non, car, à cet égard comme à tout autre, les hommes sont ce que les lois les font être.

Celles qui existent pour prévenir cet abus sont bien faites pour être inefficaces. Dans les anciens temps, on a statué des amendes, cinq livres sterling, puis dix, puis quarante, etc. Ce mode est passé. Il ne reste que l'emprisonnement chez le Sergent de la Chambre (ce qui implique une assez forte rançon à titre d'honoraires). Mais de cette peine même, il n'existe guère que la menace. Elle ne peut avoir lieu que dans le cas d'un appel spécial (*a Call of the House*), comme si un devoir constant ne devoit se remplir qu'à certaines époques; et, dans le cas de cet appel spécial, il suffit même, pour se dispenser, d'une excuse solide ou frivole, vague ou articulée. Un Tribunal peut-il être sévère quand tous les Juges sont intéressés dans la contravention? Et peut-on s'attendre qu'un Corps politique fasse des lois efficaces pour prévenir un abus dans lequel chacun trouve son compte?

Il faut dire toutefois que cette négligence habituelle, qui auroit perdu toute autre Assemblée, a des palliatifs qui en diminuent les mauvais effets, et qui sont particuliers au régime parlementaire.

La division en deux partis les a engagés insensiblement à se laisser représenter par une certaine portion de chacun d'eux. Chaque portion est comme le tout. Dans les questions importantes, c'est-à-dire d'une importance relative au parti, les Chefs donnent le signal, et l'on vient en nombre.

Il y a peu de danger de surprise, parce que les motions principales sont annoncées d'avance, et que toutes les mesures ministérielles passent par plusieurs délibérations, à jours différents. Si la décision prise par le petit nombre est contraire au vœu de la majorité, on se rassemble en force le jour suivant, et l'on abroge l'œuvre de la veille.

# CHAPITRE XXVIII.

## *DU QUOTA DE MEMBRES NÉCESSAIRES POUR FORMER UNE ASSEMBLÉE.*

Avec de bons règlements contre l'absence, on n'auroit pas besoin de recourir à ce moyen.

Son usage principal est de contribuer indirectement à forcer la comparution. Le nombre fixe est-il en défaut? les affaires sont en retard, on commence à penser à l'opinion publique, à craindre un éclat. Ceux qui dirigent sont obligés de se donner des soins pour obtenir le nombre requis; et les moyens de rigueur ont une excuse, si la négligence devient excessive.

Ce quota fixe est le dernier expédient auquel on devroit recourir dans cette vue; car la suspension des affaires est-elle autre chose qu'une peine infligée aux Commettants, quand les Mandataires sont en faute?

Il paroît d'abord bien singulier qu'on transfère ainsi le pouvoir de toute l'Assemblée à une si petite portion. C'est qu'abstraction faite d'un plan de surprise, il n'y a pas plus à craindre d'une fraction de l'Assemblée que du nombre total. Abstraction faite des différences individuelles de talent, tel est le tout, telle est chaque partie. Si le tout n'a pas la volonté de prévariquer, il n'y a pas de raison d'attribuer cette volonté à aucune des portions du tout. D'ailleurs la responsabilité, par rapport au public, est toujours la même.

On pourroit craindre qu'entre des partis formés, celui qui se trouve un jour en force supérieure n'en abusât pour produire quelque décret contraire au vœu de la majorité. Mais ce danger ne va pas loin; car la majorité, dès le lendemain, casseroit le décret de la veille, et la victoire usurpée par le parti le plus foible se changeroit en une défaite honteuse.

L'avantage général, en cas d'absence, est tout entier du côté de la Puissance exécutive. C'est elle qui est toujours en activité; c'est elle qui a des moyens tout particuliers d'influence pour assurer l'assiduité de ses partisans.

## CHAPITRE XXIX.

### *FIXER L'HEURE DES SÉANCES.*

Il faut bien que l'heure du commencement soit fixée :

Mais convient-il d'avoir une heure fixe pour lever la séance, quoiqu'au milieu d'un débat ? Je dis une heure fixe, ou à peu près, car il doit être admis qu'on laisse achever un discours commencé.

Ce règlement me paroît très-convenable, et plus important qu'il ne paroît l'être au premier aspect.

A considérer la convenance personnelle des individus, cette fixation de l'heure est utile à tous, et nécessaire aux valétudinaires et aux vieillards. Un inconvénient qui peut détourner des personnes foibles et délicates de ce service national, vaut la peine d'être considéré.

Mais la raison principale, c'est qu'il n'y a pas d'autre moyen d'assurer à chaque sujet un degré de discussion proportionné à son importance. Quand la durée du débat est illimitée, l'impatience de ceux qui se sentent les plus forts, les porte à prolonger la séance au-delà du terme où les facultés de l'esprit humain peuvent s'exercer sans affoiblissement. La fin du débat est souvent précipitée, ne fût-ce que par ce sentiment d'inquiétude qui résulte de la fatigue et de l'ennui.

Dans les circonstances où les partis sont le plus animés, où chacun d'eux, aspirant à la décision, seroit le plus porté à excéder le temps ordinaire, c'est alors que la règle seroit particulièrement utile : en interrompant le débat, elle favorise la réflexion, elle diminue l'influence de l'éloquence, elle donne au résultat un caractère de modération et de dignité.

1.° Mais, dit-on, il en résultera des délais. Ceux qui craignent de se trouver dans la minorité prolongeront les débats, dans l'espérance qu'un jour gagné peut leur donner quelque avantage.

Je crois qu'un plan systématique de délai, fondé sur ce moyen, est peu probable. Le parti qui voudroit parler pour consumer le temps, se feroit trop de préjudice à lui-même. Parler pour ne rien dire dans une Assemblée dont on entend les murmures d'indignation, et devant un public qui vous juge, c'est un rôle qui demande un degré d'impudence rare, et cependant, il faudroit supposer un grand nombre d'hommes qui entrassent dans cette honteuse conspiration pour la faire réussir.

2.° On dira peut-être encore que c'est ouvrir une porte à l'intrigue, à ce genre d'intrigues qui consiste en sollicitations personnelles auprès des Membres, dans l'intervalle des deux séances.

Mais cette objection se réduit à rien. Il n'y a pas plns de facilité à solliciter après le premier débat qu'il n'y en avoit auparavant. Il y en a même moins. Car ceux qui ont énoncé leurs sentiments craindroient de se rendre suspects par un changement d'opinion si subit.

Cette objection, si elle étoit solide, iroit à conclure que tout doit s'improviser dans les Assemblées, qu'on ne doit point savoir d'avance l'objet des délibérations, et que l'unique moyen de garantir leur intégrité, est de les prendre toujours au dépourvu, et de leur couper toute communication au dehors.

## *Pratique angloise.*

Il y a une heure fixe pour le commencement des séances ; il n'y en a point pour les terminer. Aussi les débats qui excitent un grand intérêt, sont-ils quelquefois de douze heures, de quinze et même au-delà.

Il en résulte bien des inconvénients, mais aucun danger, du moins par rapport aux *Projets de lois*, parce que les règlements assurent des délais. Chaque Bill doit passer trois fois dans la Chambre, outre la discussion dans le Comité général. Il y a donc deux ajournements nécessaires, et il peut y en avoir un plus grand nombre (1).

Les séances ne commencent qu'à quatre heures, et même plus tard. Cela tient à la composition de l'Assemblée. Les Ministres sont occupés le matin dans les bureaux, les Juges et les Avocats dans les Cours de Justice. Un grand nombre de Négociants sont nécessairement à leurs affaires. Les différents Comités de la Chambre ont plusieurs personnes à appeler, et ce service dans une grande ville ne

---

(1) Le Sénat Romain ne pouvoit commencer aucune affaire avant le lever du soleil, ni en conclure aucune après son coucher. C'étoit une précaution contre les surprises; mais la méthode angloise est bien préférable.

Démosthène fit passer un décret par surprise, après que le parti contraire au sien s'étoit retiré, croyant la séance finie. Ce cas n'auroit pas pu arriver dans le Sénat Britannique.

peut se faire commodément que pendant le jour.

Ces convenances ont fait préférer les séances du soir, malgré l'inconvénient de prolonger des débats bien avant dans la nuit, de produire souvent de la précipitation par l'impatience de finir, d'affecter la santé des personnes délicates, et d'exposer ce service public à la redoutable concurrence de toutes les dissipations d'une grande ville. Si l'on vouloit rétablir l'ancien usage de s'assembler le matin, on changeroit nécessairement, par cette seule différence, la composition de la Chambre des Communes.

# CHAPITRE XXX.

## *ÉLECTION D'ORATEURS.*

Je vais indiquer un moyen de réduire le nombre des Orateurs dans une Assemblée trop nombreuse, pour laisser à tous le droit de délibérer.

Ceci ne peut convenir qu'à des Constitutions démocratiques, car avec une bonne tactique, six cents personnes au moins peuvent exercer le droit de la parole, sans avoir besoin de le limiter à un certain nombre.

Le moyen le plus simple seroit d'élire d'abord vingt-quatre Orateurs en titre; 2.° de tirer au sort cent autres personnes, pour donner une chance à tous les partis; 3.° de permettre à chacun de ceux-ci de se désister de son droit en faveur d'un autre Membre de l'Assemblée, à son choix. Celui qui ne se sentiroit pas le talent ou l'inclination de parler, céderoit volontiers sa place à un homme de son parti qui lui paroîtroit plus propre à la remplir. Mais il faudroit toujours réserver à tous les Membres le droit de faire une motion, c'est-à-dire une motion principale, et de la développer.

# CHAPITRE XXXI.

## *DE LA MANIÈRE DE PLACER LES MEMBRES, ET D'UNE TRIBUNE POUR LES ORATEURS.*

Dans une nombreuse Assemblée délibérante, il ne doit point y avoir de place prédéterminée. Chacun doit prendre la sienne dans l'ordre où il arrive.

Cet arrangement libre est préférable à un ordre fixe, pour plusieurs raisons, et d'abord, parce qu'il tend à produire un débat d'une meilleure espèce.

Les Membres du même parti doivent avoir la facilité de concerter leurs opérations et de distribuer leurs rôles. Sans ce concert, il est impossible que les arguments soient présentés dans l'ordre le plus convenable, et placés dans le jour le plus avantageux. Ce n'est que par une continuelle correspondance des Membres entr'eux, qu'on peut prévenir une multitude d'inutilités, de longueurs, de contradictions, de répétitions, d'inconséquences et autres incidents dont la tendance commune est de rompre cette unité de plan nécessaire pour conduire les affaires à un dénouement.

En ceci, les intérêts de parti sont les mêmes que ceux du public. Il faut, pour le bien public, que chaque partie puisse plaider sa cause avec toute sa force, faire valoir tous ses moyens, puisque la vérité seule a tout à gagner dans ce concours.

Des conseils tenus avant l'Assemblée ne sauroient suppléer à ces petits conseils du moment. Il suffit d'une observation particulière, d'une proposition nouvelle, pour donner un nouvel aspect aux affaires, et nécessiter un changement de mesures. La prévoyance la plus consommée ne pourroit anticiper tous les incidents qui peuvent naître dans le cours d'une discussion. Il en est ici comme d'une bataille. Le meilleur plan formé d'avance ne pourroit jamais suppléer au besoin de ces ordres occasionnels, suggérés à chaque instant par les événements de la journée.

La pratique angloise est conforme à cette théorie. L'arrangement étant libre, les deux partis se sont naturellement placés aux deux côtés de la salle. Le premier banc, à la droite de l'Orateur, est ce qu'on appelle le *banc de la Trésorerie*, occupé par les Ministres et les autres personnes en place; mais c'est une affaire de courtoisie et non de droit. Le premier banc à sa gauche est celui où siègent les principales personnes du parti de l'Opposition.

Il y a une seule exception à cette liberté des places, exception louable dans le principe, mais trop rare dans la pratique pour créer un inconvénient. « Il est entendu, dit M.r Hatsell, » que les Membres qui ont reçu les remercîments de la Chambre dans leur *place*, ont » droit à cette *place*, au moins pendant la » durée de ce Parlement, et elle leur est gé» néralement allouée par la courtoisie de la » Chambre. » (Hatsell 67.)

Dans la Chambre Haute, différents bancs sont appropriés de droit à différents Ordres, un aux Évêques, un autre aux Ducs, etc.; mais ces appropriations sont fort peu observées.

Les États de Hollande et de West-Frise s'assembloient dans une salle où, à en juger par le local, la fixation des places devoit être de rigueur. Chaque ville avoit son banc ou sa part de banc. Les places étant toutes occupées, on ne pouvoit en changer sans occasionner quelque dérangement. Quant aux inconvénients qui devoient en résulter, c'est une matière de conjecture, et rien de plus : car tout se passoit en secret dans les Assemblées Bataves. On n'y a jamais connu cette liaison essentielle entre la liberté et la publicité, qui se maintiennent l'une par l'autre.

Cet arrangement libre est favorable à l'égalité, dans un cas où l'égalité ne pouvant nuire à personne, est justice. Prévenir des disputes de préséance, de ces vaines contestations d'étiquette, qui ont été le plus souvent le principal objet d'attention dans de grandes Assemblées politiques, ce seroit déjà un grand bien; corriger la disposition même qui fait attacher de l'importance à ces distinctions, est un avantage plus grand encore. La méthode par laquelle on exécute ce plan d'injures graduées est de commencer par supposer qu'une place est préférable à toute autre, et que l'occuper est une marque de supériorité. Ce système d'insultes qui vont régulièrement en croissant de la dernière place à la première, est ce qu'on appelle *ordre, subordination, harmonie;* et ces distinctions honorifiques, c'est-à-dire, ces gradations d'affronts reçus et rendus avec privilége, sont ordinairement envisagées avec plus de respect, et défendues avec plus d'opiniâtreté que les lois les plus importantes.

C'est là une cause de contentions et de petitesses qu'il faut exclure d'une Assemblée politique. Les distinctions de places et les disputes de rang y doivent être inconnues. *Merita sua teneant auctores : nec ultra progrediatur honos quam reperiatur virtus.*

En Angleterre, on entend parler quelquefois d'une querelle de préséance, mais ce n'est jamais que dans des assemblées d'amusement, entre des femmes, et seulement entr'elles. Si ces démêlés parviennent jusqu'aux hommes, ils n'y prennent part que comme à un sujet de plaisanterie.

Y aura-t-il une place assignée à ceux qui parlent ?

Pour répondre à cette question, il faudroit avoir deux données, la forme et la grandeur de la salle, et le nombre des députés.

Dans une Assemblée nombreuse, l'Orateur est mieux entendu en parlant d'une tribune placée près du centre, et visible à tous. Le débat, mieux suivi, cause moins de fatigue. Ceux qui ont la voix foible ne sont pas obligés de la forcer pour se faire entendre aux extrémités, et c'est une considération qui n'est pas à dédaigner dans une Assemblée politique où il doit y avoir une grande proportion d'hommes âgés et studieux.

La police y gagne. Si chacun peut parler de

sa place, il y a tout au moins un danger de confusion, et il est plus difficile au Président de prévenir les interruptions irrégulières. La nécessité d'aller à la tribune arrête une foule de propos insignifiants et précipités; c'est un acte délibéré qu'on ne fait qu'après avoir réfléchi sur ce qu'on veut dire : il faut se mettre en scène, et il est ridicule d'appeler l'attention sur soi quand on n'a rien à dire qui soit digne de cette attention.

D'ailleurs, dès qu'il y a une tribune établie pour être le lieu de la parole, tout le reste de l'Assemblée doit être sous la loi du silence. Si quelqu'un parle hors du lieu privilégié, il commet une irrégularité sensible, et il est aussitôt rappelé à l'ordre.

La tribune présente enfin un certain avantage d'impartialité. Si l'Assemblée, selon la disposition de tous les Corps politiques, se forme en deux partis, chacun tend naturellement à se cantonner dans une portion de la salle; et si chacun parle du sein de son parti, on sait d'avance dans quel sens il va parler; mais il y a toujours des hommes plus ou moins impartiaux et indépendants. — Il est bon d'appeler tous les Membres à parler d'une tribune, la même pour tous, qui ne présente pas l'association de l'individu avec le parti auquel il tient. Je sais que ce moyen ne va pas loin, parce que tous les individus se connoissent les uns les autres; mais il n'en est pas de même par rapport au public qui les écoute, et qui est dérouté quand il est appelé à juger l'Orateur sur ce qu'il dit, et non sur la place d'où il parle.

On peut objecter que c'est une gêne, et que cette gêne peut priver l'Assemblée des lumières d'un homme timide qui craint de se mettre en scène d'une manière trop marquée.

On peut dire qu'il en résulteroit une perte de temps, si, pour un seul mot à dire, une courte explication, un rappel à l'ordre, il falloit traverser la salle, et se rendre à la tribune.

Ces deux objections ont bien peu de valeur. La première suppose un degré de timidité qui est bientôt surmonté par l'habitude. Un homme exercé parle d'une place comme d'une autre. Il parle mieux où il est mieux entendu. Il parle plus librement où il parle avec moins d'effort.

Pour les courtes explications, le Président peut permettre à un Membre de les faire sans se déplacer. Ce sont des minuties sur lesquelles il se forme bientôt une routine de détail.

Les deux Chambres du Parlement Britannique n'ont point de tribune, et il n'en résulte aucun inconvénient grave. Toutefois il faut observer que ces Assemblées sont rarement nombreuses, qu'il y a peu d'orateurs habituels, et que ceux-ci occupent presque toujours les mêmes places. — Mais quand un Membre veut parler d'un siége éloigné, il parle avec un désavantage manifeste, il est moins entendu de l'Assemblée, et souvent point du tout de la galerie. Il est peu de débats importants où les rapporteurs des papiers publics ne soient réduits à supprimer la mention de quelque discours dont il n'est parvenu jusqu'à eux que des sons épars et des phrases rompues.

# CHAPITRE XXXII.

## *DU COSTUME.*

L'ÉTABLISSEMENT d'un *costume* pour les Membres, durant les heures des séances, est un de ces points sur lesquels il ne convien-droit pas de heurter des habitudes nationales; l'objet n'est pas toutefois aussi peu important qu'on pourroit le croire au premier aspect.

1.° Le costume sert à distinguer les députés d'avec les spectateurs : il peut prévenir une usurpation de privilége.

2.° La robe peut remplir le but d'une loi somptuaire, sans en avoir la rigueur. Cette égalité apparente défend l'homme de mérite pauvre d'une comparaison désavantageuse avec le faste de la fortune.

3.° Le costume tend d'une autre manière à mettre les individus de niveau, en diminuant les désavantages de ceux qui ont à lutter contre quelque défaut corporel.

4.° Il produit une certaine impression de respect sur les spectateurs, et place les Membres eux-mêmes dans une situation plus distinguée : deux causes qui tendent également à maintenir l'ordre, et à inspirer les bienséances.

5.° Dans le cours d'un débat où les partis se balancent et où l'on peut craindre l'intrigue et la corruption, le costume peut servir à éclairer les démarches des Membres, à signaler ce qui se passe autour d'eux. Toute communication avec eux devient plus manifeste et attire l'attention publique. Ce moyen, je le sens, n'est pas d'une grande force ; mais si l'on peut, sans inconvénient, mettre un grain de plus dans la balance de la probité, il ne faut pas le négliger.

6.° Dans un tumulte populaire tel que toute Assemblée politique est exposée à en voir naître autour d'elle, un habit qui annonce la dignité de celui qui le porte, peut disposer le peuple au respect, et donner aux Membres plus d'influence pour calmer l'orage.

7.° Si le tumulte s'élève au point de menacer personnellement quelques Membres de l'Assemblée, le simple acte de poser leur signalement peut favoriser leur retraite. Le Chancelier Jefferies, ce Juge si fameux sous Jaques II, par ses arrêts sanguinaires, réussit, en quittant les marques de sa dignité, à éluder, pour quelque temps, les fureurs de la populace.

Ces diverses raisons ne sont pas également applicables à toutes les assemblées politiques.

## CHAPITRE XXXII.

### *DE L'ADMISSION DES ÉTRANGERS.*

Nous avons vu dans le chapitre de la *Publicité* les raisons pour admettre une certaine portion du public aux séances de l'Assemblée, et nous avons indiqué les cas d'exception. Le nombre admis doit être aussi grand que possible, sans nuire à la facilité de parler et d'entendre : considération majeure qui réduit la salle à des dimensions beaucoup plus petites qu'un théâtre ordinaire, car on ne peut pas exiger d'un Député du peuple la force de voix et la déclamation d'un acteur.

L'expérience de la France a fait voir d'autres dangers dans un nombre de spectateurs égal ou supérieur à celui de l'Assemblée. Il est vrai que ces dangers auroient pu être prévenus par une police sévère, mais cette police est plus difficile à maintenir à proportion que le nombre est plus grand. D'ailleurs, il est des hommes qui s'énivrent de la popularité du moment ; ils s'occuperoient plus de l'audience que de l'Assemblée, et la discussion pourroit prendre une tournure plus favorable aux mouvements oratoires qu'aux preuves logiques.

Il conviendroit, dans la distribution de ces places, d'allouer une tribune particulière aux Tachygraphes, une autre aux jeunes élèves qui étudient les lois, et qui trouveroient là une école et des modèles; une autre à des Magistrats, dont la présence peut être doublement utile. Il faudroit mettre aux ordres du Président des places de réserve, pour des Ambassadeurs et des étrangers, qui remporteroient de ce spectacle des impressions avantageuses pour la nation et fructueuses dans de bons esprits. Cyneas sortit de Rome plus frappé de respect par la vue du Sénat, qu'il ne l'eût été par toute la magnificence de la cour de Perse.

Par rapport aux places dans la tribune publique, elles devroient être payées. C'est l'arrangement le plus favorable à l'égalité, dans un cas où l'égalité est justice. Si vous les laissez prendre aux premiers venus, dans les jours d'affluence, vous aurez un grand nombre d'aspirants trompés dans leur attente. Les plus forts et les plus grossiers auront tout l'avantage dans ce concours (1). La galerie sera com-

(1) Ce fut long-temps un métier pour des hommes du peuple, de s'emparer de bonne heure des places dans la tribune de l'Assemblée Nationale, pour les vendre.

posée des spectateurs qui ont le moins à profiter par les débats, et le plus à perdre par la cessation de leurs travaux. Leur nombre et leur défaut d'éducation pourroient souvent les porter à braver l'Assemblée, à troubler les débats par leurs approbations ou leurs murmures.

Si la disposition des billets étoit dans les mains du Gouvernement, on ne manqueroit pas de l'accuser de partialité et d'intention dangereuse. Voilà, dit-on, les Ministres qui nous entourent de leurs créatures pour gêner nos délibérations, etc.

Ce sujet de mécontentement seroit écarté, en donnant les billets d'admission aux Membres eux-mêmes, et je n'y vois qu'un seul inconvénient, celui de resserrer la prérogative de la publicité au lieu de l'étendre, de faire dégénérer en faveur personnelle un droit commun, et d'aller ainsi contre le principe de l'égalité sans aucun avantage (1).

Un prix d'entrée réunit toutes les conditions: c'est une mesure, imparfaite, il est vrai,

(1) Tout cela s'est concilié en Angleterre par un usage non autorisé, mais établi. Une petite somme donnée aux Huissiers vous introduit dans la galerie, aussi bien qu'un billet d'un Membre.

mais la seule possible de la valeur qu'on attache à cette jouissance; et c'est aussi la preuve d'un état qui garantit une bonne espèce de spectateurs.

Ce moyen, je l'avoue, n'est pas noble, mais l'emploi des produits pourroit l'anoblir. Quant aux bons mots empruntés du dictionnaire du théâtre, il faut s'y attendre et s'y résigner.

Doit-on admettre les femmes? Non. J'ai hésité, j'ai pesé les raisons pour et contre, je répugnois à un éloignement qui paroît un acte d'injustice et de mépris. Mais les craindre ce n'est pas les mépriser. Les écarter d'une Assemblée où la tranquille et froide raison doit régner seule, c'est un aveu de leur influence qui ne sauroit blesser leur orgueil.

Les séductions de l'éloquence et du ridicule sont des moyens dangereux dans une Assemblée politique. Admettez les femmes, vous donnez un nouveau degré de force à ces séductions; et devant ce tribunal dramatique et passionné, une discussion qui n'aura de mérite que la justesse et la profondeur, ne fera au vrai sage qu'une réputation de dissertateur ennuyeux. Toutes les passions se touchent et s'allument réciproquement. Le droit de haranguer ne sera souvent qu'un moyen de plaire;

et le premier moyen de plaire à la sensibilité des femmes, c'est de montrer une ame susceptible d'émotion et d'enthousiasme. Tout sera sur un ton exalté, brillant ou tragique. On voudra partout du mouvement et des images. Il faudra parler de la liberté dans un style lyrique, et faire des hymnes sur les grands événements qui exigent le plus de calme. Il n'y aura de prix que pour les choses fortes et hardies, c'est-à-dire pour les avis imprudents et les mesures extrêmes.

Chez les Anglois où les femmes ont si peu d'influence sur les affaires politiques, où elles aspirent si peu à s'en mêler, où les deux sexes sont dans l'habitude de se séparer même après les repas familiers, on ne permet pas qu'elles soient présentes dans les débats parlementaires, on les a exclues de la Chambre des Communes, d'après l'expérience et en connoissance de cause. On avoit observé que leur présence donnoit aux délibérations une tournure particulière, que l'amour-propre jouoit un plus grand rôle, que les personnalités étoient plus vives, et qu'on sacrifioit trop à la vanité du bel esprit.

## CHAPITRE XXXIV.

### *DES FORMULES.*

Les Formules sont les modèles de ce qui doit être dit à chaque occasion par l'individu auquel on prescrit de s'expliquer d'une certaine manière. On ne peut guère déterminer d'avance de quelles formules une Assemblée peut avoir besoin. Il en faudra plus ou moins, selon sa constitution, selon le nombre de ses Membres, selon la nature de ses pouvoirs.

Il faut, par exemple, que le Président prenne toujours les voix de la même manière, en employant les mêmes expressions; que les Membres de l'Assemblée fassent usage des mêmes termes pour présenter les motions, pour requérir l'exercice de tel ou tel de leurs droits, etc., etc.

Tout ce qui n'est pas nécessaire dans les formules y est pernicieux. *Clarté* et *brieveté*, voilà leurs qualités essentielles; les orner aux dépens de la précision, c'est les défigurer.

Non-seulement les formules abrègent, elles ont une utilité supérieure; elles empêchent les variations qui peuvent avoir quelque objet caché, et surtout elles préviennent des disputes.

En Angleterre, la sanction Royale est toujours exprimée par le même mot, *le Roi le veut*; et s'il rejetoit un bill, la formule du refus est également déterminée, *le Roi s'avisera.*

Les formules juridiques n'ont que trop mérité le reproche qu'on leur fait presque partout, d'être en même temps vagues et prolixes, de pécher par omission et par excès.

Leur prolixité s'explique aisément dans tous les cas où les hommes de loi ont pu trouver, dans l'entassement des paroles, un prétexte pour se rendre nécessaires, pour mettre leurs services à plus haut prix. Et quand l'esprit fiscal s'est introduit dans la procédure, on a fait un trafic des mots, et l'on a donné plus d'étendue aux formules pour en tirer plus de profit.

On a cru devoir, en certains cas, proportionner le volume des paroles à l'importance du sujet. Expédier une matière grave en deux ou trois mots, ce n'étoit pas s'en faire une idée assez haute ni la traiter assez dignement. C'est là une erreur de petit esprit. Les pensées les plus sublimes sont rendues par un seul trait.

# CHAPITRE XXXV.

## *TABLEAU DES RÈGLEMENTS.*

QUAND on a établi de bonnes règles, il reste encore à prendre des arrangements pour en faciliter l'exécution, pour les rendre notoires; car une loi ne peut avoir d'effet qu'autant qu'elle est connue.

Le règlement de l'Assemblée, rédigé en forme de tableau et lisible de toutes les parties de la salle, doit être placé à côté du Président.

S'il y a trop de matière, il faut multiplier les tableaux; mais tous les points essentiels doivent être réunis dans le tableau principal.

Dans toute grande Assemblée politique, rien de plus fréquent que l'appel aux règlements, soit pour attaquer, soit pour se défendre. La contravention consume du temps, la correction en consume encore. Les règles sont toujours pour une partie de l'Assemblée comme si elles n'étoient pas. Les Membres novices les connoissent mal, et les vétérans les plus exercés ne les ont pas toujours présentes à l'esprit. Tel est, du moins, l'état des choses dans le Parlement Britannique, et cela ne peut pas être autrement, parce que les règlements, loin d'être exposés aux yeux, n'existent que par tradition et ne sont confiés qu'à la garde d'une mémoire trompeuse.

Un tableau en petit ne répondroit pas au but. Un tableau en grand est un objet d'étude dans tous les moments où l'attention est vacante. La moindre contravention devient sensible, et par cela même, les fautes deviennent rares; car on ne manque point aux règles quand on ne peut pas y manquer impunément, quand on a devant les yeux la loi qui vous condamne, et un tribunal qui vous juge au moment même. On ne sera pas plus tenté de la violer que de manier du fer rouge. La procédure qui se traîne à pas de tortue dans les autres routes, est dans celle-ci rapide comme l'éclair.

Les lois générales, quoi qu'on fasse pour les promulguer, ne sont jamais susceptibles d'une notoriété universelle. Mais les lois particulières, faites pour une Assemblée, peuvent être constamment en évidence dans son enceinte. Le moyen en est si facile; on ne peut pas dire qu'il ait été méconnu. Il n'y a pas de club en Angleterre qui n'ait son règlement affiché dans sa salle : même prévoyance dans des maisons de jeu. Mais une réflexion amère et qui revient souvent, c'est que la sagesse dans la conduite des affaires humaines est souvent en raison inverse de leur importance. Les Gouvernements ont de grands progrès à faire avant d'avoir atteint, dans le maniement des choses publiques, à la prudence qu'on apporte communément aux affaires privées. La cause en est facile à indiquer, mais le remède ne l'est pas.

# CHAPITRE XXXVI ET DERNIER.

## *DE L'ÉDIFICE CONVENABLE POUR UNE NOMBREUSE ASSEMBLÉE.*

La magnificence de l'architecture dans un édifice destiné à une grande Assemblée politique, seroit presque toujours nuisible sous le rapport de l'utilité. Les points essentiels à considérer sont : 1.° pour les Membres, la facilité d'entendre ; 2.° pour le Président, la facilité de voir ; 3.° la commodité personnelle des individus, et enfin la promptitude du service.

S'il est des siéges reculés où la voix n'arrive que difficilement, l'attention, rendue pénible, ne sauroit se soutenir long-temps. La même distance dérobe une partie de l'Assemblée à l'inspection du Chef, et de cette seule cause peut naître un désordre habituel.

D'ailleurs, ceux qui n'entendent pas sont réduits à juger d'après une opinion empruntée. C'est ainsi que ces grandes Assemblées populaires, dans les Républiques anciennes, se soumettoient nécessairement à la direction de deux ou trois démagogues.

La difficulté de se faire entendre peut écarter du service les hommes les plus capables, si la force de leur organe n'est pas proportionnée à l'espace que la voix doit remplir. Démosthène peut être réduit à céder la place à Stentor. La première qualité requise n'est plus le mérite de l'esprit, mais un avantage physique qui, sans être incompatible avec le talent, ne le suppose point. La présomption seroit même en faveur de l'homme foible et valétudinaire, l'inaptitude aux exercices corporels étant en partie la cause, en partie l'effet d'une disposition studieuse.

Une forme à peu près circulaire, — des gradins qui s'élèvent en amphithéâtre, — le siége du Président placé de manière à ce qu'il voie toute l'Assemblée, — un espace central pour les Secrétaires et les papiers, — des chambres attenantes pour les Comités, — une tribune pour les auditeurs, une loge particulière pour les auteurs des papiers publics, voilà les points les plus importants. Je n'entre dans aucun détail sur la salubrité de la salle et la commodité du service. Je dirai seulement qu'une salle bien adaptée à tous ces objets a plus d'influence qu'on ne le croiroit d'abord pour assurer l'assiduité des Membres et pour faciliter l'exercice de leurs fonctions.

# REGLEMENT

POUR

# LE CONSEIL REPRÉSENTATIF

DE LA

# VILLE ET RÉPUBLIQUE DE GENÈVE.

Après avoir lu cette théorie, on verra peut-être avec intérêt de quelle manière et avec quel succès elle a été mise en œuvre dans le Conseil représentatif de la République de Genève.

Cette ville, après avoir recouvré sa liberté à la suite des événements de 1813, et par la protection des Souverains Alliés, ne reprit pas son régime démocratique. Les citoyens transférèrent le pouvoir souverain à une assemblée de deux cent cinquante députés graduellement amovibles.

Ce Conseil représentatif sanctionne les lois — il statue sur les impôts — il élit les Membres du Conseil d'État, les Syndics, les Juges, les Députés à la Diète, etc.

Le Conseil d'État, composé de vingt-huit Membres, est inamovible — il est chargé de l'administration — il a l'initiative des lois, et, de plus, il préside, il délibère, il vote dans l'Assemblée représentative.

Le premier soin du Conseil représentatif, dès qu'il fut institué, fut de nommer un Comité pour préparer un projet de règlement. Comme on savoit que je m'étois long-temps occupé de cet objet, je fus nommé de ce Comité et chargé du premier travail. Je m'estimai fort heureux de me prévaloir de la rare circonstance d'une Assemblée nouvelle qui n'avoit point encore d'organisation pour lui en présenter une qui fût conforme, autant qu'il étoit possible, aux excellents principes dont j'avois vu de si heureux effets en Angleterre. Mon projet, soumis à de longues discussions, d'abord dans le Comité, ensuite dans l'Assemblée, fut modifié dans divers détails; mais il ne fut point altéré dans les dispositions principales. On conserva toutes les règles relatives aux débats, et toutes les précautions qui tendent à maintenir la liberté du Corps délibérant.

En faisant ce projet, il avoit toujours fallu consulter notre Constitution, pour mettre notre règlement en harmonie avec elle.

Nous ne pouvions pas, par exemple, nous conformer, en tout point, aux principes qui ont été exposés dans le chapitre de la *Prési-*

*dence*, parce que notre Constitution attribue la présidence au premier Syndic, et que ce Magistrat change toutes les années.

Nous ne pouvions pas nous conformer aux règles qui ont été données dans le chapitre de la promulgation des *Motions et des projets de Loi*, puisqu'à cet égard notre Conseil représentatif n'avoit rien à faire : la Constitution attribuant exclusivement *l'initiative des lois* au Conseil d'État.

Nous avions des précautions particulières à prendre pour assurer la liberté de la parole et celle des suffrages, puisque le Conseil d'État est toujours présent à nos délibérations. Cette circonstance, au premier aspect, paroît très-défavorable à la liberté ou à l'harmonie ; elle semble mettre en contact deux Corps rivaux, et devoir tourner, selon' l'occasion, à une condescendance passive ou à une lutte plus ou moins hostile.

A ces différences près, un Membre du Parlement Britannique, qui seroit présent à une de nos séances, y retrouveroit toutes les formes auxquelles il est accoutumé : — par exemple, les propositions connues d'avance, consignées par écrit, point de lecture de discours, point de liste d'Orateurs, trois débats distincts sur les lois, la conversion de l'Assemblée en Comité général, et les mêmes règles de police.

On dira peut-être, en considérant l'extrême disparité des deux États, qu'on ne conçoit pas comment le même mode d'agir peut convenir à deux Assemblées dont l'une représente une population de trente à quarante mille ames, et l'autre de quinze ou seize millions.

Mais cette vague objection ne soutient pas l'examen. Les règles qui doivent produire une bonne discussion sont prises dans la nature d'une Assemblée délibérante, et ne dépendent pas du nombre des gouvernés. On ne suit pas d'autres règles d'artithmétique pour les grands nombres que pour les petits.

Ce qu'il faut de plus dans un grand État, c'est un Corps législatif divisé en deux chambres: c'est une discussion lente, qui donne le loisir de recueillir des informations d'autant plus difficiles que l'Empire est plus étendu ; ce sont enfin de plus grands moyens de publicité. Dans un Canton Suisse, on a tous les renseignements sous la main : tous les intéressés peuvent savoir en même temps quel est le projet de loi dont on s'occupe, et faire parvenir leurs réclamations, à moins que le Gouvernement n'affectât un secret qui seroit bien contraire aux principes d'une Constitution représentative.

Il est quelques dispositions de notre règlement qui ne seroient pas entendues, si je n'en développois les motifs.

J'ai dit plus haut que le Conseil d'État possède seul le droit de proposer, qu'il est présent à toutes les délibérations, et que le premier Syndic, qui est le Chef du Conseil d'État, est aussi le Président du Conseil représentatif. Mais je n'ai pas fait connoître toutes les attributions de ce dernier Conseil, et tous les moyens que son règlement lui assure pour maintenir son indépendance.

Si la Constitution n'eût pas donné l'initiative exclusivement au Conseil d'État, il eût fallu qu'elle lui donnât le droit de refuser sa sanction, sans quoi le Conseil représensatif n'auroit eu aucun frein légal. Mais ce veto étoit-il possible? Le Conseil d'État n'eût-il pas été trop foible pour l'exercer? s'il eût tenté de le soutenir contre une nombreuse majorité, n'y eût-il pas eu des chocs dangereux? N'eût-ce pas été réaliser la fable du pot de terre et du pot de fer?

Le Conseil représentatif n'a pas et ne doit pas avoir l'initiative; mais il n'est pas réduit au seul acte d'approuver ou de rejeter. Il a le droit d'amender. Il l'exerce sur tous les articles d'une loi, et même d'une manière très-heureuse sur la totalité d'un projet de loi. C'est ce qu'on peut voir dans le chapitre VIII. *Des Commissions.*

Dès que le Conseil d'État propose une loi, on demande qu'il soit nommé une Commission pour l'examiner; et l'Assemblée passe à ce qu'on appelle un tour de *préconsultation* dans lequel chaque Membre peut présenter ses observations et les recommander à la considération du Comité futur. On procède ensuite au choix de ce Comité, et la préconsultation même est un très-bon moyen de connoître ceux qui sont les plus propres à y entrer. Le Comité travaille en particulier. Il a toujours dans son sein deux Membres du Conseil d'État pour veiller au maintien du droit d'initiative de ce Conseil. Le Comité rapporte son ouvrage avec tous les amendements qui ont eu la pluralité des voix, et il nomme un de ses Membres pour en exposer les motifs.

C'est ce plan amendé qui est soumis à la discussion de l'Assemblée, avec cet avantage essentiel qu'il ne se présente plus comme l'œuvre exclusive du Conseil d'État, qu'on le critique avec la plus grande liberté, sans attaquer ce Conseil même, et que des Conseillers d'État qui, peut-être, n'auroient pas osé, par ménagement, censurer l'ouvrage du Corps dont ils font partie, portent librement leurs coups sur celui de la Commission. C'est par-là que tout est sauvé, l'initiative d'une part et le droit d'amender de l'autre, et que deux Conseils qui siègent ensemble avec des prérogatives différentes et rivales, ont conservé entr'eux un esprit d'harmonie qui me paroît avoir tous les caractères de la durée.

L'article L du Règlement prescrit de soumettre séparément aux votes chaque clause d'une loi. Nous avons vu que sans cela le vote ne seroit pas entièrement libre. Il laisseroit bien la faculté d'approuver ou de rejeter, mais il ne donneroit pas celle de choisir. Voilà un point sur lequel notre Conseil représentatif est bien supérieur à notre ancien Conseil général, qui étoit réduit à prendre ou à refuser une loi toute entière, quelque complexe qu'elle fût: ses actes même de Souveraineté portoient un caractère de foiblesse et de contrainte.

L'article LII sur les *représentations* a besoin d'être expliqué. Chaque Membre a le droit de porter à l'Assemblée toute espèce de réclamation sur des infractions de loi. Si le Conseil d'État ne donne point de réponse satisfaisante, et que la même représentation, renouvelée dans la session suivante, soit appuyée de cent suffrages, il faut que, dans l'espace de trois jours, elle soit soumise au Conseil représentatif qui doit prononcer en dernier ressort. Voilà encore un avantage éminent de notre nouvelle Constitution sur l'ancienne. Quand les Citoyens portoient au Petit-Conseil une représentation en grande pompe, pour se plaindre qu'une loi avoit été violée par le Gouvernement, ce Gouvernement, juge et partie, répondoit qu'il n'avoit point violé la loi. L'accusé déclaroit sa propre innocence, les représentations se réitéroient, les esprits s'échauffoient, et il n'y avoit point d'issue à ce labyrinthe, sinon le malheureux moyen d'une insurrection ou d'un appel à des Médiateurs étrangers.

L'article LIV est relatif au droit de faire des *propositions*. Chaque Membre peut, à certains jours réglés, présenter telle proposition qui lui paroît convenable, en la rédigeant d'avance par écrit. Il en développe les motifs, et chacun peut la défendre ou l'attaquer. Ces propositions ne sont qu'individuelles, et on ne les soumet point au vote de l'Assemblée : mais le Conseil d'État est tenu de s'en occuper et d'y répondre dans la session suivante.

Ce droit de proposer, si sagement subordonné et restreint, est toutefois d'une grande importance, non-seulement parce qu'il inspire à plusieurs le désir de mettre en avant quelque idée ou quelque projet salutaire, mais surtout parce qu'il fournit un moyen de soumettre à un examen public tous les actes du Conseil d'État : car il n'en est aucun qui ne puisse devenir l'objet d'une proposition individuelle, et la manière dont cette proposition est accueillie dans le Conseil représentatif, est une déclaration de son opinion, qui, sans avoir la formalité et le danger d'un jugement, peut produire le même effet.

L'art. LXXIV soumettoit *le* Règlement à une révision générale, si elle étoit désirée après un an. Ce terme est expiré. La révision a été proposée et refusée, et le Règlement confirmé pour un an de plus. On a voulu qu'il passât par une épreuve plus complète avant d'y faire aucun changement, et il est plus que probable qu'il n'en subira point d'essentiel. Ceux même qui n'avoient adopté des formes si nouvelles pour nous qu'avec une espèce de défiance ou de répugnance, ne voudroient pas revenir à notre ancien mode de délibération. Il est possible que ce Règlement ait quelques antagonistes secrets qui voudroient diminuer la liberté du Conseil représentatif, pour augmenter la puissance du Conseil d'État. Je suis très-éloigné d'attribuer de si courtes vues à ce Conseil lui-même. Il s'est montré constamment fidelle à l'observer et à le soutenir. Il a trop de prudence et de lumières, pour ne pas voir que les Représentants de la Nation ne pourroient rien perdre de leur indépendance, sans perdre proportionnellement de leur influence sur l'esprit public, et que si les décisions du Conseil représentatif cessoient d'être respectées, le Gouvernement n'auroit aucun moyen de force pour y suppléer. Ces deux Pouvoirs se maintiennent en se contenant réciproquement dans leurs limites : et celui qui est particulièrement appelé à contrôler les opérations de l'autre, quoiqu'il lui présente quelque fois le caractère fâcheux d'une opposition, est le véritable conservateur de son autorité. Tout ce qu'on pourroit dire à cet égard me paroît renfermé dans le mot heureux d'un Officier François à Bonaparte. Celui-ci, dans l'ivresse du pouvoir, se vantoit d'avoir réduit le Sénat et le Corps Législatif à n'être que les très-humbles exécuteurs de ses volontés. *Oui, Sire*, répondit le militaire, *mais ce qui résiste, appuie.*

# RÈGLEMENT pour le Conseil Représentatif de la Ville et République de Genève,

*Arrêté définitivement dans ce Conseil le* 16 *Novembre* 1814.

## ARTICLE PREMIER.

LE Serment imposé par la Constitution aux Membres du Conseil Représentatif, sera conçu en ces termes :

« Nous jurons devant Dieu,

» D'user en dépositaires fidelles des pouvoirs
» constitutionnels que nous tenons de nos
» Concitoyens, de consulter, en tout et avant
» tout, dans l'exercice de nos fonctions, leurs
» vrais intérêts, selon les lumières de notre
» conscience. »

« Nous jurons

» De garder religieusement le secret dans
» tous les cas où il nous sera enjoint par une
» délibération du Corps Représentatif. »

« Nous jurons

» De faire tous nos efforts pour procurer de
» plus en plus l'honneur et la prospérité de la

» République, pour maintenir son indépen-
» dance, de même que la sûreté et la liberté
» de tous les individus qui la composent. »

« Nous jurons

» De maintenir la Religion Chrétienne et les
» bonnes mœurs, de donner l'exemple de l'o-
» béissance aux lois, et de remplir tous les
» devoirs que nous impose notre union au
» Corps Helvétique. »

« Que Dieu, témoin de ces promesses, nous
» punisse, si nous y contrevenons. »

ART. II.

Ce Serment sera lu par le Président, chaque Membre du Conseil debout, tenant la main levée, et prononçant à voix haute, tous ensemble, à la fin de chaque article : *Je le jure.*

ART. III.

*Prière à l'ouverture de chaque séance.*

« Dieu puissant, Protecteur de cette Ré-
» publique, nous implorons sur elle et sur
» nous ta bienveillance paternelle ; bénis nos
» délibérations, écartes-en les passions dange-
» reuses, fais servir nos travaux à l'avancement
» de ton règne comme au bien de cette patrie
» qui nous a confié ses destinées. Seigneur ! que
» sa félicité soit toujours notre but et notre
» récompense. »

### *Prière en terminant la séance.*

« Au Roi des siècles, invisible, immortel,
» au Dieu seul sage et tout-puissant, soient
» honneur, louange et gloire. *Amen.* »

## CHAPITRE PREMIER.

### *De la Présidence et du Secrétariat.*

ART. IV.

La Présidence sera exercée par M. le premier Syndic, et, en cas d'empêchement, par l'un des autres Syndics, à son choix, ou, à leur défaut, par l'un de MM. les Conseillers d'État désigné par le Président; et, s'il n'y a pas de désignation, par le Membre du Conseil d'État le premier en rang, lequel aura aussi le droit de se faire remplacer par un autre Membre du Conseil d'État, à son choix.

ART. V.

Le Président, à l'ouverture de la séance, fera lire le procès-verbal de la séance précédente, et le signera après qu'il aura été approuvé. Il fera lire ensuite l'ordre du jour, et mettra l'Assemblée en activité. Ce n'est point lui qui ouvrira les Propositions dans l'Assemblée au nom du Conseil d'État. Il ne délibérera point. Il n'agira et ne parlera que comme organe de l'Assemblée, et conformément à son vœu, pour y maintenir l'ordre et faire exécuter la Constitution et le Règlement.

ART. VI.

Si le Président veut faire usage de son droit comme Membre de l'Assemblée, pour délibérer, il quittera son siége et se fera remplacer pendant ce temps-là, suivant la forme fixée par l'Article quatre.

ART. VII.

Le Président ne votera que dans le cas où les voix seroient également partagées.

ART. VIII.

Le Conseil Représentatif aura deux Secrétaires. Ils tiendront un registre dans lequel les matières seront inscrites selon l'ordre où elles doivent venir en discussion. Ils tiendront de plus les registres mentionnés dans les Chapitres subséquents.

Le procès-verbal des séances contiendra les divers incidents qui mériteront d'être notés, l'énoncé des propositions, leur issue, le nombre des votants de part et d'autre, lorsqu'ils auront été comptés.

Ces fonctions seront remplies par MM. les Secrétaires d'État.

## CHAPITRE II.

### *Du Mode de proposer.*

ART. IX.

Le Conseil Représentatif, d'après l'Édit constitutionnel, ne devra délibérer que sur des propositions qui lui seront portées par le Conseil d'État.

ART. X.

L'Édit constitutionnel admet trois exceptions à cette règle fondamentale. 1.° Pour les objets de police interne de l'Assemblée. 2.° Pour les représentations. 3.° Pour des amendements sur des propositions du Conseil d'État.

ART. XI.

Tous les sujets qui doivent être soumis à la délibération de l'Assemblée seront inscrits, selon l'ordre du temps, dans un registre ouvert à la Chancellerie, trois jours, au moins, avant l'ouverture de la session.

ART. XII.

Dans le cas où le Conseil d'État jugera convenable d'intervertir cet ordre ou d'introduire de nouvelles matières, il devra en donner avis au Conseil Représentatif au moins trois jours avant la délibération.

ART. XIII.

Toute Proposition du Conseil d'État sera rédigée par écrit en son entier, communiquée au Conseil Représentatif, et transcrite au moins trois jours d'avance, dans un registre ouvert, intitulé : *Registre des Propositions du Conseil d'État au Conseil Représentatif.*

ART. XIV.

Le Conseil d'État pourra se dispenser de cette règle, 1.° dans des cas peu importants; 2.° dans des cas urgents; mais ce sera au Conseil Représentatif à juger si la dispense doit être accordée.

ART. XV.

Dès qu'un projet de loi sera communiqué au Conseil Représentatif, il pourra en ordonner l'impression.

## CHAPITRE III.

### *Du Mode de délibérer.*

ART. XVI.

Une Proposition étant mise en délibération, il n'en sera fait aucune nouvelle que le sort de la première n'ait été décidé, excepté pour les cas suivants :

1.° Pour offrir un amendement.

2.° Pour proposer un délai.

3.° Pour réclamer une loi d'ordre à l'instant de sa violation.

ART. XVII.

Débattre et voter sont deux opérations distinctes; et la dernière ne doit commencer qu'après que la première est terminée.

ART. XVIII.

Toute Proposition du Conseil d'État au Conseil Représentatif sera motivée dans un rapport fait par un des Membres du Conseil d'État.

ART. XIX.

Le premier qui demandera la parole après le Conseiller Rapporteur, sera le premier entendu. Il n'y aura point de liste d'opinants. Entre plusieurs compétiteurs, la préférence sera décidée par le Président, ou, en cas de difficulté, par le sort.

ART. XX.

Si personne ne se présente pour parler, le Président devra procéder à poser la question et à faire voter.

ART. XXI.

Dès que personne ne demande plus la parole, le Conseiller d'État qui aura ouvert la discussion, aura le droit de parler de nouveau pour clorre le débat.

ART. XXII.

Aucun Projet de loi ne pourra être décrété qu'après avoir passé par trois débats.

ART. XXIII.

Le premier débat roulera sur la convenance ou disconvenance du Projet en général. Il sera terminé par la question : l'Assemblée veut-elle que le Projet soit soumis au second débat ?

ART. XXIV.

Pour le second débat, l'Assemblée se constitue en *Commission générale*. Son objet particulier sera l'examen du Projet, article par article, et la discussion des amendements. Chaque article et chaque amendement seront mis aux voix ; mais il n'y aura rien de définitif dans ce débat. Il sera terminé par deux questions : l'Assemblée veut-elle que la *Commission générale* soit conclue ? L'Assemblée veut-elle que le — soit le jour assigné pour le troisième débat ?

ART. XXV.

Dans le troisième débat, on pourra ramener toutes les questions traitées dans les deux premiers. La discussion sera ouverte sur chaque article. On votera successivement sur chaque amendement et sur chaque article. Le débat sera terminé par cette question : l'Assemblée adopte-t-elle la loi en son entier ?

ART. XXVI.

Dans le premier et troisième débat, la réplique sera permise; mais nul n'aura le droit de parler plus de deux fois. Dans le second débat, la parole sera permise jusqu'à trois fois.

ART. XXVII.

Cette règle n'ôte à aucun Membre le droit de reprendre la parole, soit sur des amendements, soit pour apprendre un fait à l'Assemblée, soit pour donner une explication, si l'on s'est mépris sur le sens de ses paroles.

ART. XXVIII.

Les trois débats seront tenus distincts. Les deux premiers pourroient avoir lieu le même jour. Le dernier doit être ajourné, sauf le cas d'urgence.

ART. XXIX.

L'urgence ne pourra être proposée que par le Conseil d'État. Elle ne sera jamais mise aux votes qu'après discussion.

ART. XXX.

Quel que soit le sujet de délibération, autre qu'un Projet de loi, s'il est demandé qu'il soit soumis aux trois débats et que la demande soit appuyée, le vœu de l'Assemblée sera consulté.

ART. XXXI.

On n'adressera le discours qu'au Président ou à l'Assemblée.

ART. XXXII.

La lecture des discours écrits ne sera pas permise, sauf les rapports officiels. Cette règle n'exclura pas les notes prises pour aider la mémoire.

ART. XXXIII.

En répondant aux opinants antérieurs, on évitera de les désigner par leurs noms.

ART. XXXIV.

Chaque opinant parlera debout, sauf une permission spéciale du Président.

ART. XXXV.

Toute imputation de mauvaise intention sera réputée une violation d'ordre.

## CHAPITRE IV.

### *Des Amendements.*

ART. XXXVI.

Tout amendement sera rédigé par écrit, et transmis au Président avant d'être mis en délibération.

ART. XXXVII.

Dès qu'une Proposition aura été communiquée au Conseil Représentatif, tout Membre qui veut proposer quelque amendement devra le rédiger avant la discussion, et le faire inscrire dans un registre ouvert, intitulé : *Registre des Amendements*.

ART. XXXVIII.

Les amendements des Commissions seront soumis à cette règle, dans les cas où leurs projets ne seront pas imprimés.

ART. XXXIX.

Cette règle n'exclura pas les amendements qui pourroient se présenter dans le cours du débat.

ART. XL.

Sera interdit tout amendement étranger à la question, ou contraire à quelque clause constitutionnelle.

ART. XLI.

Aucun amendement ne sera mis en délibération, s'il n'est appuyé par cinq personnes au moins.

ART. XLII.

Les sous-amendements seront mis aux voix avant les amendements, et les amendements avant la proposition principale.

ART. XLIII.

Le Président proposera l'ordre dans lequel

les amendements devront être présentés. S'il y a réclamation, l'Assemblée décidera de la priorité à leur accorder.

## CHAPITRE V.

### *Des Propositions d'ajournement.*

ART. XLIV.

Chaque Membre pourra, dans le cours du débat, proposer un ajournement, pourvu qu'il n'interrompe aucun discours, et si cette proposition est appuyée par cinq personnes, elle prendra la place de celle qui est en discussion.

ART. XLV.

La proposition d'ajournement pourra être faite même dans l'intervalle entre le dernier discours et l'acte de mettre la question aux votes.

L'ajournement pourra être indéfini ou à terme.

## CHAPITRE VI.

### *De la Votation.*

ART. XLVI.

Il y aura deux modes de voter. Le mode sommaire, le mode distinct.

ART. XLVII.

Le débat terminé, le Président procédera de suite à recueillir les votes sommairement par assis et levé, pour et contre.

ART. XLVIII.

Après qu'on aura pris les votes sommairement, chaque Membre aura le droit de requérir la votation distincte.

ART. XLIX.

La votation distincte se fera en répétant l'opération par assis et levé, et en comptant les individus de part et d'autre.

ART. L.

Si un Projet est composé de plusieurs articles, ils seront soumis aux votes séparément.

ART. LI.

Lorsqu'une collection de lois, telle, par exemple, que le *Code civil*, sera mise en délibération, l'Assemblée décidera sur chaque titre, si elle doit voter par titre ou par article.

## CHAPITRE VII.

### *Des Représentations et Propositions.*

ART. LII.

Tout Membre qui, dans une session périodique, voudra faire une Représentation concernant une transgression de lois, sera tenu de la rédiger par écrit et d'en donner copie au Président avant de la présenter à l'Assemblée.

ART. LIII.

Cette Représentation, si l'auteur y persiste après avoir entendu les observations qui pourront être faites dans l'Assemblée, sera inscrite dans un registre intitulé : *Registre des Représentations individuelles qui ont pour objet des transgressions de lois*, et portée par le Président au Conseil d'État.

ART. LIV.

Tout Membre qui, dans une session périodique, veut faire une Proposition, sera tenu de la rédiger par écrit et de la lire textuellement à l'Assemblée. Si elle est appuyée par cinq Membres, il pourra la motiver. S'il y persiste, après avoir entendu les observations qui pourront être faites dans l'Assemblée, elle sera inscrite dans un registre intitulé : *Registre des Propositions individuelles des Membres du Conseil Représentatif*, et portée au Conseil d'État par le Président.

## CHAPITRE VIII.

### *Des Commissions.*

ART. LV.

Le Conseil Représentatif pourra toujours tirer de son sein des Commissions particulières, auxquelles il remettra l'examen de quelque projet, ou la préparation de quelque travail.

ART. LVI.

Dans tous les cas, si la demande du renvoi à une Commission est faite et appuyée par cinq Membres, elle sera mise aux votes.

ART. LVII.

Dès qu'une Commission est décrétée, chaque Membre pourra demander la parole pour énoncer les points dont il désire que la Commission s'occupe, et cette préconsultation aura lieu avant qu'on procède à l'élire.

ART. LVIII.

Les Commissions seront nommées de deux manières : 1.° sur une indication faite en nombre simple par le Président et dont la liste sera soumise à l'approbation de l'Assemblée par assis et levé ; 2.° au scrutin et à la pluralité absolue dans le premier tour, et au second tour, à la pluralité relative sur une liste de Candidats en nombre triple des places à pourvoir. L'Assemblée sera toujours consultée sur celui des deux modes qu'elle préfère.

ART. LIX.

Dans toute Commission du Conseil Représentatif, il y aura deux Membres du Conseil d'État, choisis par ce Conseil lui-même. Le nombre ne pourra en être plus grand, sauf les cas spécifiés dans la Constitution.

ART. LX.

La Commission nommera son Rapporteur, qui ne sera pas un de ses deux Conseillers d'État.

ART. LXI.

Le Rapporteur d'une Commission aura le droit de parler de nouveau lorsque personne ne se présentera plus pour demander la parole.

ART. LXII.

Les Commissions, pendant la discussion sur l'objet de leur rapport, auront une place déterminée près du Secrétariat.

ART. LXIII.

Si un Membre de la Commission demande la parole après le Rapporteur, il aura la priorité.

## CHAPITRE IX.

### *Police.*

ART. LXIV.

L'arrangement actuel d'après l'âge sera conservé. Si le Président réclame contre des déplacemens, chacun devra reprendre un siége dans le banc qui lui est assigné.

ART. LXV.

L'heure des séances sera fixée pour le commencement. Le Président les terminera d'après le vœu de l'Assemblée.

ART. LXVI.

Toutefois le Président pourra suspendre la délibération jusqu'à deux fois 24 heures.

ART. LXVII.

Sur un sujet mis à l'ordre du jour, chaque Membre pourra réclamer une convocation générale de l'Assemblée. Si cette demande est appuyée par cinq personnes, elle sera mise aux votes.

ART. LXVIII.

Cette convocation sera faite par cartes individuellement, en ces termes : « *N. N. Il vous* » *est enjoint, sous la foi de votre serment,* » *d'assister à la séance du ..... et d'y voter.* »

ART. LXIX.

Toutes les fois qu'il s'agira de voter, cinq Membres auront le droit de faire suspendre la votation, si le nombre des Membres présents est au-dessous de 101.

ART. LXX.

Si quelque Membre de l'Assemblée prend la parole sans l'avoir obtenue, ou trouble la délibération de quelque manière que ce soit, le Président pourra le rappeler nominativement à l'ordre.

ART. LXXI.

Si un Membre, durant la séance, a tenu quelque discours ou fait quelque acte que l'Assemblée juge répréhensible, elle pourra passer un arrêté de censure contre lui, et décider si cet arrêté sera inscrit ou non au procès-verbal. Mais nul ne pourra être traduit devant les Tribunaux pour des opinions qu'il auroit émis dans l'Assemblée, laissant toutefois leur recours juridique aux individus qui se croiroient insultés ou calomniés.

ART. LXXII.

L'ordre du jour sera inscrit dans un tableau exposé dans la Salle des Séances.

ART. LXXIII.

Le Conseil Représentatif sera convoqué au

son de la cloche, deux heures avant l'ouverture de la séance.

ART. LXXIV.

Dans la Session de Décembre 1815, le Conseil Représentatif sera consulté pour savoir s'il approuve une révision du Règlement.

ART. LXXV.

La présente Commission pour le Règlement, sera continuée jusqu'à la fin de la Session de Décembre 1814.

*FIN.*

*Extrait des registres du Conseil représentatif.*

Séance du 16 Novembre 1814.

Après la clôture des débats sur les divers articles du Projet de Règlement, il a été soumis en entier à la votation définitive du Conseil Représentatif, et approuvé.

*Signé* TURRETTINI, *Conseiller et Secrétaire d'État.*

# REGLEMENTS

OBSERVÉS

DANS LA CHAMBRE DES COMMUNES

*Pour débattre les matières et pour voter.*

TRADUIT DE L'ANGLOIS.

CETTE brochure, qu'on ne pourroit plus se procurer aujourd'hui, fut imprimée en 1789, et publiée par le Comte de Mirabeau, avec l'Avertissement suivant :

« J'AI cru qu'il seroit utile, dans la situation présente des affaires nationales, de connoître le Règlement qu'observe la Chambre des Communes d'Angleterre pour *débattre* les questions politiques et pour *voter*.

» Un peuple depuis si long-temps occupé d'affaires publiques dans de grandes Assemblées, doit nécessairement s'être approché du mieux possible, du moins quant aux formes indispensables, pour préserver les débats de toute confusion, et le résultat des opinions de toute incertitude.

» Aucun ouvrage anglois n'a fait connoître exactement ces formes : le compte qu'on en va rendre n'est pas complet, mais tout ce qu'il contient est authentique.

» Je dois ce travail, entrepris uniquement pour la France, à un Anglois qui, jeune encore, a mérité une haute réputation, et que ceux dont il est particulièrement connu, regardent comme une des espérances de son pays. C'est un de ces Philosophes respectables, dont le civisme ne se borne point à la Grande-Bretagne. Citoyens du monde, ils désirent sincèrement que les François soient aussi libres et non moins généreux qu'eux-mêmes. « Leur » nombre est très-considérable, dit l'auteur » de cet écrit dans une de ses lettres : quoi- » que sensibles à l'honneur qui résulte pour » leur patrie de ce que la liberté angloise est » presque passée en proverbe, ils ne souhai- » tent cependant rien avec plus d'ardeur, que » de voir cette distinction se confondre dans » la liberté générale de l'Europe. »

« Il n'est pas inutile d'ajouter que l'Auteur, après avoir fini son travail, l'a communiqué à plusieurs Membres de la Législature angloise, qui, ayant fait un grand nombre de campagnes parlementaires, en connoissent toute la tactique ; ainsi, l'on peut dire avec vérité que cet écrit est classique en son genre. »

Le manuscrit anglois avoit passé accidentellement par différentes mains. Lorsqu'on voulut le traduire, on s'aperçut qu'il en manquoit une feuille. Elle devoit contenir toutes les règles concernant les trois lectures d'un bill, ou les trois débats.

# RÈGLEMENTS

## OBSERVÉS

## DANS LA CHAMBRE DES COMMUNES

### *pour débattre les matières et pour voter.*

TOUT Membre qui parle dans l'Assemblée doit se tenir à sa place (1), debout et découvert, et adresser la parole à l'Orateur (2); ou, si la Chambre est en Comité, à celui qui De celui qui parle.

(1) Dans la règle, les Membres de l'Assemblée devroient être placés suivant l'ordre alphabétique des Comtés qu'ils représentent, à l'exception des places particulières assignées au Maître des rôles et aux Députés de la Cité de Londres; mais, dans le fait, les Députés se placent pêle-mêle, sans suivre d'autre ordre que l'usage d'après lequel le Ministère et ses partisans se rangent à la droite de l'Orateur, et les Chefs de l'Opposition à la gauche.

(2) Le Président. La dénomination angloise est *Speaker*, ou *Parleur*. C'est lui qui porte la parole au Roi de la part des Communes.

occupe le siége (1). On ne dispense de cette attitude que ceux qui sont indisposés ; on leur permet alors de parler assis, comme il arriva à M. Pitt, lorsqu'en 1763, il prononça son fameux discours contre la paix.

Condition requise de celui qui parle.

D'après les Règlements de la Chambre, aucun Membre ne doit jamais parler, à moins qu'il n'ait pour objet de terminer son discours par une motion (2), ou qu'il ne veuille débattre une motion déjà faite. En conséquence, quand il n'existe pas de question à discuter, et qu'un Membre se lève pour parler, il peut être arrêté par l'Orateur, à moins qu'il ne se propose de faire une motion.

Cas où plusieurs se lèvent pour parler.

Quand plusieurs Membres se lèvent presqu'à-la-fois pour parler, c'est à celui qui s'est levé le premier que la parole appartient (3).

---

(1) Dans la Chambre Haute, ce n'est point à l'Orateur, mais à la Chambre entière que les discours s'adressent.

(2) Une motion est une proposition faite par un Membre à la Chambre, pour obtenir son consentement; elle devient question quand l'Orateur demande à la Chambre si elle adopte la motion ou non. Dans le langage ordinaire, la *motion* est appelée question, et dans la suite, nous lui donnerons nous-mêmes ce nom.

(3) Personne n'a le droit d'être ouï le premier, et ni son âge*, ni son emploi, ni l'endroit qu'il représente, ne lui donnent aucun titre de préséance.

S'il s'élève quelque doute à ce sujet, c'est à l'Orateur à décider ; et si sa décision n'est pas admise, c'est l'Assemblée qui doit juger le différent.

Différens cas où celui qui parle, peut être interrompu. Manière de rétablir l'ordre.

Chaque Membre a droit de parler sur une question aussi long-temps qu'il le juge à propos, et il ne doit être interrompu par personne, à moins qu'il ne s'écarte en digression, qu'il ne traite un sujet différent de celui qui est soumis à l'examen de la Chambre (1), qu'il ne se permette des personnalités contre un des Membres, ou qu'il ne fasse entrer le nom du Roi dans son discours afin d'influer sur les votes. Dans tous ces cas, il est du devoir de l'Orateur d'interrompre celui qui parle, et s'il ne remplit pas cette fonction, tout Membre de l'Assemblée a droit de crier, *à l'Ordre*, c'est-à-dire, de dénoncer la conduite du Membre qui s'est écarté de la règle, et de demander que l'Orateur fasse respecter les lois de la Chambre.

Si quelques autres Membres veulent parler sur la question de *l'Ordre* violé, ils doivent être tous entendus, et il faut décider alors si celui qui a été ramené à *l'Ordre*, aura la permission de continuer son discours, ou si la pa-

---

(1) Cette règle n'est jamais observée à la rigueur.

role lui sera retirée, ou même s'il subira une censure (1) pour la conduite qu'il a tenue, avant que la question originairement débattue ne soit reprise.

Marques de défaveur pour les membres qui parlent mal et long-tems.

Quoique d'après la loi de la Chambre, tout Membre ait droit de s'énoncer sur une question aussi long-temps qu'il le juge à propos, cependant il arrive par le fait que lorsqu'un mauvais Orateur abuse de la patience de la Chambre, on ne lui prête aucune attention, on se parle l'un à l'autre, plusieurs même sortent de la Chambre, et ces marques de défaveur produisent toujours l'effet qu'on désire.

Trois cas où il est permis de parler plus d'une fois dans le même débat: 1° pour s'expliquer.

Il n'est permis à personne de parler plus d'une fois sur la même question dans le même débat: on ne s'écarte de cette règle qu'en faveur de celui qui a fait la motion; encore est-ce plutôt par politesse qu'à titre de droit qu'on lui accorde de répliquer, à la fin de la discussion, aux arguments opposés à sa motion. Cependant un Membre doit être entendu une seconde fois, quand il s'agit d'apprendre un fait à l'Assem-

---

(1) En général, la censure est une réprimande; elle peut aller jusqu'à l'emprisonnement, et même jusqu'à l'expulsion de la Chambre; mais cette exclusion n'empêche pas que le Membre ne puisse être élu de nouveau par ses Commettants.

blée, ou lorsque ceux qui lui ont répondu se sont mépris sur le sens de ses paroles : dans ce dernier cas, il a le droit d'expliquer son discours, mais alors il doit se borner rigoureusement à une explication.

Cette règle n'a pas lieu lorsque la Chambre est formée en Comité. Alors chaque Membre peut parler aussi souvent qu'il lui plaît sur la même question, et c'est là le principal avantage de considérer un sujet dans un Comité général de toute la Chambre. 2.° Dans les comités.

Quoiqu'un Membre ne puisse parler qu'une fois sur la même question dans le même débat, il peut cependant parler à plusieurs reprises sur un même sujet, quand la motion éprouve des changements ; comme il arrive lorsqu'un bill passe par les diverses gradations qu'il doit subir ; car alors il devient chaque fois une motion différente. Ainsi, lorsqu'il se fait une motion nouvelle comme, par exemple, celle-ci : *La Chambre s'ajourne ; la question préliminaire*, etc.... quoiqu'alors l'objet du débat soit le même en général, la question soumise à la Chambre est cependant nouvelle, et c'est une circonstance bien différente, si la Chambre se décide pour prendre une décision affirmative ou négative, ou bien si elle procède ou ne procède pas à une résolution sur ce sujet. 3.° Quand la motion éprouve des changemens

Deux conditions nécessaires pour qu'une motion soit débattue.

Chaque Membre a droit de proposer une motion sur un sujet quelconque (1); mais il faut, 1.° que sa motion soit écrite; 2.° qu'elle soit secondée, c'est-à-dire, qu'avant d'être proposée à la Chambre, un autre Membre demande qu'elle le soit (2).

C'est alors que la motion est proposée à la Chambre par l'Orateur, ou, si l'Assemblée s'est formée en Comité, par celui qui tient le siége. Cela fait, les Membres ont pleine liberté de parler sur le sujet indiqué.

Comment une motion est retirée.

Lorsqu'une motion a été proposée à la Chambre par l'Orateur, celui qui l'a faite n'est plus le maître de la retirer sans la permission de la Chambre; mais cette permission est rarement refusée.

Recours à la motion durant le débat.

Pendant le débat, la motion reste sur la table devant l'Orateur. Chaque Membre a le droit de la consulter, ou, s'il le juge convenable, il peut demander à l'Orateur de la lire. Cela ne se fait guère cependant que dans le dessein d'attirer l'attention de la Chambre sur la forme

---

(1) Lorsque plusieurs Membres se lèvent à-la-fois pour faire une motion, c'est le premier levé qui a le droit de parler le premier.

(2) L'auteur d'une motion importante prévient ordinairement la Chambre qu'à tel jour il fera telle motion.

ou les termes de cette motion qui donnent lieu aux observations que le Membre se propose de faire.

Les voix des Membres ne peuvent être recueillies tant qu'il reste quelqu'un qui veut parler sur la question; et même lorsque l'Orateur expose cette question pour recueillir les voix, il peut être interrompu par un Membre qui désire encore la discuter; mais lorsque la motion est complétement présentée (1) à la Chambre, il n'est plus permis à personne de débattre la matière, ni de proposer un amendement, un ajournement, etc.

Dans quel moment on peut recueillir les voix.

Quand une motion a été faite et secondée, on ne peut en faire une autre que la première n'ait été décidée, à moins qu'il ne s'agisse d'une motion relative à une violation de l'Ordre dans le cours du débat, ou à quelque motion relative à la question primitive, comme :

Cas où avant de décider une motion, on peut en proposer une autre.

1.° Lorsqu'une motion est compliquée, il peut être demandé qu'elle soit divisée, et que

Soit pour que la motion soit divisée.

---

(1) La motion n'est censée portée complétement à la Chambre, que lorsqu'il a été demandé à ceux qui sont contre, aussi bien qu'à ceux qui sont pour, de la débattre librement. Voyez, au sujet de la manière de présenter une motion aux voix, ce que nous dirons ci-après.

chaque division soit présentée séparément à la Chambre.

Soit pour proposer un amendement.

2.° Quand une motion a été faite dans les Comités, on peut en proposer une autre pour l'amender (1), soit par le retranchement, soit par l'addition, soit par le changement de quelques mots ; et la question de l'amendement doit être décidée avant que la motion primitive soit présentée à la Chambre.

Cas particulier si l'amendement roule sur un impôt.

Il y a cependant une exception à cette règle, de commencer par voter sur un amendement ; c'est quand la différence entre la motion primitive et l'amendement roule sur un impôt plus ou moins fort. Car alors, d'après la répugnance naturelle qu'a la Chambre d'agraver les charges du peuple, la motion tendante à alléger l'impôt devoit toujours passer la première, soit qu'elle fût un amendement, ou la motion primitive.

Amendement de l'amendement.

3.° Lorsqu'un amendement a été proposé, on peut encore faire une motion pour amender l'amendement, et cette dernière motion doit être portée aux voix la première.

---

(1) Quand l'amendement supposé tend à retrancher des mots, la manière de présenter la motion est que les mots dont le retranchement est proposé *font partie de la motion* : ainsi, ceux qui sont pour l'amendement votent contre la motion.

De même une adresse en réponse au discours du Roi ayant été proposée, on a vu présenter un amendement pour retrancher quelques paroles de l'adresse : après quoi est venue la proposition d'amender l'amendement, en retranchant de la motion d'amendement quelques paroles du Membre de celle que cet amendement vouloit faire ôter de l'adresse, et les motions portées aux voix étoient que *les mots ne feroient pas partie de l'amendement proposé;* ce qui, ayant essuyé la négative, la motion suivante fut que ces *mots feroient partie de la motion.* » Ce qui ayant passé à l'affirmative, la motion primitive fut portée aux voix et passa. Exemple d'une adresse au roi.

Autre exemple. Le mercredi 11 février 1778, il fut proposé « que la Chambre se formât le » lundi matin suivant en grand Comité de toute » la Chambre, pour considérer ultérieurement » l'état de la Nation. » Il fut proposé pour amendement de retrancher ces mots : *lundi matin suivant,* et d'y substituer ceux-ci : *de demain, dans la huitaine* 19 *du présent mois de février;* après quoi il fut proposé d'amender l'amendement en en retranchant ces mots : *dans la huitaine, le* 19 *du présent mois de février;* de sorte que si cette dernière motion eût passé, le Comité eût eu lieu dès le lendemain ; ainsi Exemple relatif au temps d'une motion.

l'amendement en auroit hâté la tenue, au lieu de la retarder.

Cinq moyens de se débarrasser d'une motion sans la soumettre aux suffrages.

4.° Il y a plusieurs moyens de se débarrasser d'une motion, sans la faire rejeter par la collecte des voix, tels que, 1.° la motion préliminaire; 2.° l'ajournement du débat, c'est-à-dire, son renvoi à un jour fixé; 3.° en rappelant à l'Ordre du jour; 4.° l'ajournement de la Chambre; 5.° un amendement qui détruise totalement, ou qui dénature la première proposition.

Motifs de la chambre pour éconduire une motion.

L'un de ces quatre premiers moyens est ordinairement adopté lorsqu'il a été fait une proposition, dont la vérité n'est pas contestable, mais sur laquelle la Chambre ne croit pas devoir prendre une résolution, ou sur laquelle elle ne veut pas voter, parce que les divers Membres ne s'accordent pas sur les conséquences qu'on pourroit avoir l'intention d'en tirer (1); ou bien lorsqu'il s'est fait une proposition susceptible

(1) Les motions consistent souvent dans une proposition générale ou abstraite, dont l'auteur se propose d'inférer dans une résolution subséquente quelque conséquence appliquable à la mesure dont il est question; mais, dans ce cas, avant de proposer sa première motion, l'auteur doit exposer toute la série des conséquences qu'il a pour objet d'en inférer.

d'une différence d'opinion, mais sur laquelle la Chambre pense qu'il ne seroit ni politique ni nécessaire de donner une décision quelconque.

1.° Les termes dans lesquels la motion préliminaire est proposée sont ceux-ci : *que cette question soit maintenant portée ;* et l'intention de celui qui la propose étant qu'elle soit rejetée, il vote toujours contre sa propre motion. Si elle est rejetée, elle a pour effet qu'il ne soit pris, dans ce moment, aucune résolution sur le même sujet, et la motion peut être proposée de nouveau un autre jour dans la même session.

Termes dans lesquels une motion préliminaire est conçue : et son effet.

Quant à la motion d'une question préliminaire, on ne traite guère dans le débat que le mérite de la question primitive ; car si, pour vouloir se débarrasser de la question proposée, on n'a d'autre raison que celle qu'il est trop tard pour l'entamer, la motion naturelle est d'ajourner la Chambre, ou si l'on veut donner la préférence à quelque objet plus important, il semble que la meilleure méthode pour écarter la motion présentée à la Chambre, est celle-ci.

2.° De faire une motion pour ajourner le débat, en le renvoyant à quelque jour suivant. Cette méthode est quelquefois mise en œuvre pour se débarrasser entièrement de la motion, en proposant d'ajourner le débat à une époque

De l'ajournement de la motion.

où l'on sait que la Chambre ne siégera pas; comme, par exemple, à six mois, lorsque les six mois doivent expirer au milieu de l'été, temps auquel le Parlement est ordinairement separé par une prorogation.

La motion primitive quoique non résolue, est insérée dans le journal de la Chambre.

Si, par l'une de ces deux méthodes, savoir, la question préliminaire ou l'ajournement du débat, on évite d'en venir à une résolution, la question primitive doit être insérée dans le journal de la Chambre (1), parce que, dans le premier exemple, la résolution arrêtée par la

(1) Le journal de la Chambre est le procès-verbal de tout ce qui se fait dans la Chambre, c'est-à-dire, des bills lus, des pétitions reçues, des résolutions arrêtées, des motions faites et rejetées chaque jour. Ce journal commence environ au règne d'Édouard VI. En outre, la Chambre fait elle-même imprimer tous les jours ses opérations dans ce qu'on appelle *les votes*. Le journal n'est imprimé qu'à la fin de chaque session: mais comme on n'y trouve que des narrés authentiques de ce qui se passe dans la Chambre, on n'y fait aucune mention de ce qui se dit dans les débats. Cependant on trouve, à cet égard, de quoi se satisfaire amplement dans les papiers périodiques de nouvelles: il y a deux ouvrages estimés sous ce rapport; l'un a pour titre, *le Registre parlementaire;* et l'autre, *les Débats parlementaires:* on y lit les discours des différents Membres. Cette publication est contraire à un Règlement de la Chambre, mais on ne l'empêche jamais.

Chambre (dont, par conséquent, il doit être fait mention dans les journaux) étant que la motion fût alors portée aux voix, cette formule seroit inintelligible, si l'on n'établissoit ce qu'étoit cette motion primitive; et, dans le second exemple, la résolution d'ajourner le débat ne sauroit être entendue sans établir la question sur laquelle le débat s'est formé. Cependant on propose quelquefois des questions qu'il y auroit de l'inconvénient à laisser paroître dans le journal, et c'est aussi ce qu'on évite, soit en réclamant l'Ordre du jour, soit en proposant un ajournement de la Chambre.

3.° Quand il se fait une motion pour prendre en considération l'Ordre du jour, c'est-à-dire, pour que l'on s'occupe de l'objet dont le débat est fixé à ce jour (1), si cette motion passe, la

Recours à l'ordre du jour.

(1) Tous les ordres donnés pour fixer l'examen d'une affaire à des jours particuliers, sont enregistrés dans un livre, sous la date du jour. Le livre reste sur la table, et peut être consulté à chaque instant par les Membres de l'Assemblée. Tous les objets renvoyés à un jour sont appelés *les Ordres du jour.* Cela n'empêche pas qu'à l'ouverture de l'Assemblée, chaque Membre ne puisse proposer toute autre affaire à l'examen de la Chambre; et, en général, il se finit un grand nombre d'affaires avant que le premier Ordre du jour ait été lu. Chaque Membre a cependant le droit de réclamer l'Ordre du

question présentée à la Chambre tombe d'elle-même. On ne peut pas toujours recourir à ce moyen, qui est d'une invention moderne, parce qu'il peut arriver que la question soumise aux délibérations de la Chambre, et que l'on veut écarter, soit elle-même l'Ordre du jour; ou parce que toutes les questions qui sont de l'Ordre du jour peuvent avoir été discutées avant que la motion primitive soit mue; et, dans ces différents cas, il est impossible de parvenir au but que l'on se propose en demandant l'Ordre du jour.

De l'ajournement de la Chambre.

4.° En proposant que la Chambre s'ajourne; car s'il y a *ajournement de la Chambre*, la

---

jour; et quand cette réclamation réussit, l'Ordre du jour est lu immédiatement, et la Chambre est obligée de discuter une des affaires qu'on y a inscrites. Cependant cette résolution peut se réduire à un renvoi ultérieur de la question mentionnée dans l'Ordre, ou même à supprimer l'Ordre. Ainsi, par exemple, l'Ordre du jour portant que la Chambre se forme en Comité général pour examiner l'état du commerce d'Irlande, une motion peut être faite pour être affranchi de cet Ordre, ou pour que la Chambre se forme actuellement en Comité général pour examiner, etc. Sur cette motion, on peut proposer pour amendement, que le mot *actuellement* soit retranché, et qu'on y substitue ceux de *lundi prochain*, ou de quelqu'autre jour plus éloigné.

motion proposée tombe d'elle-même, et n'est pas reprise à la prochaine Assemblée de la Chambre. Cela cependant ne peut pas toujours avoir lieu, comme, par exemple, lorsqu'on s'attend à voir mettre en avant une autre affaire importante.

Expédient pour écarter la décision d'une question quand la Chambre est en comité.

Aucun de ces quatre expédients pour écarter la décision d'une question, ne peut être employé quand la Chambre est en Comité ; mais il en est un alors qui équivaut aux deux derniers, c'est de proposer que le Président quitte le siége ; car lorsque cette motion passe, le Comité est fini. On peut proposer aussi que le Président quitte sa place, fasse rapport à l'Assemblée des opérations, et demande ensuite la permission de reprendre sa place, ce qui revient à un ajournement du Comité.

Dans quel cas une motion peut ou ne peut pas être proposée de nouveau dans la même session.

Une question qui a été écartée par l'un des moyens précédents peut être encore proposée dans la même session ; mais si elle eût été rejetée, elle n'auroit pu être mue de nouveau qu'à une session suivante. Cependant la règle qu'une motion rejetée à la collecte des voix ne sera plus proposée, n'est pas une loi bien utile, car elle est aisément et souvent éludée en faisant quelque légère altération dans les termes ou dans la forme de la motion.

Avec les moyens dont nous venons de parler, on opère moins contre une motion qu'en la faisant rejeter à la négative. Mais on peut espérer d'avantage de celui qui nous reste à exposer.

De l'amendement qui détruit la motion.

5.° Il peut arriver qu'avec un amendement on propose précisément le contraire de la motion primitive, et que l'amendement soit adopté. Par exemple, dans le dessein de faire blâmer les Ministres, on peut proposer de les louer. C'est ce qui arriva en 1744, lorsqu'il fut proposé pour motion : « que le paiement de 40,000 » livres sterling, fait au Duc d'Aremberg pour » mettre les troupes autrichiennes en mouvement en 1742, étoit une dilapidation dangereuse de la caisse publique, et destructive » des droits du Parlement. » On proposa un amendement par lequel, au lieu de ces mots : *dilapidation dangereuse*, etc, on inséreroit ceux-ci : « étoit nécessaire pour mettre les » troupes en mouvement, et nécessaire pour » la cause commune. »

Manière de faire tomber une motion par un amendement qui la rend trop violente.

L'antagoniste d'une motion propose quelquefois un amendement qui rend la motion si violente, que la Chambre ne peut l'admettre ; mais cet expédient ne réussit pas toujours. En 1780, M. Downing ayant fait cette fameuse motion ;

« C'est l'opinion de la Chambre, que l'influence » de la couronne s'est accrue, va toujours » croissant, et qu'elle devroit être diminuée.» M. Dundas, alors Lord, Avocat d'Écosse, imaginant de faire rejeter la motion, proposa pour amendement d'insérer après ces mots : *C'est l'opinion de la Chambre*, ceux-ci : « *qu'il est* » *actuellement nécessaire de déclarer que* » *l'influence de la couronne*, etc. » Mais cet amendement fut loin d'effrayer les partisans de la motion primitive : ils l'adoptèrent avec ardeur, et la motion ainsi renforcée, passa en résolution de la Chambre.

Autre manière de faire tomber une motion par un amendement qui en fait ressortir les dangers.

Quelquefois on meut des amendements pour montrer les inconvénients, les dangers d'une proposition, avec une telle évidence, qu'il devient impossible à la Chambre d'y donner son assentiment. Ainsi, une motion ayant été faite pour avoir des copies de toutes les lettres écrites par les Lords de l'Amirauté à un Officier de Marine, un amendement fut proposé pour ajouter ces mots : « Lesquelles lettres peuvent » contenir des ordres et être relatives à des » ordres non exécutés et subsistant encore. » Cet amendement ayant passé, la motion primitive tomba naturellement à l'unanimité.

Deux ma-

Les voix des Membres sur chaque motion

Manières de recueillir les voix.

sont recueillies de la manière suivante. L'Orateur expose la question dans toute son étendue, puis il ajoute : *Ceux qui sont de cette opinion diront oui*. Sur quoi tous les Membres qui sont pour la motion disent à l'instant *oui*. L'Orateur dit alors : *Ceux qui sont d'avis contraire doivent dire non* (1); et les Membres disent *non*.

En ce moment, l'Orateur juge par le bruit quel côté a pour lui la majorité, et il décide en conséquence ; mais si quelqu'un des Membres n'est pas satisfait de cette décision et qu'il insiste pour que la Chambre se partage, la Chambre ne le refuse presque jamais.

Le partage de la Chambre se fait de la manière suivante.

Ceux qui sont d'un avis sortent de la Chambre, et ceux qui sont de l'avis contraire y restent (2),

---

(1) Dans la Chambre Haute, un Pair n'opine pas en disant *oui* ou *non*, mais en disant *content* ou *non content*.

(2) Il y a des Règlements pour montrer quand doivent sortir ceux qui sont pour la négative, ou ceux qui sont pour l'affirmative ; mais ces règles ne valent pas la peine d'être rapportées ici. Lorsque la Chambre est formée en Comité, le partage des voix ne se fait pas en quittant la Chambre, mais en se rangeant des deux côtés opposés.

et deux Membres de chaque parti sont désignés pour compter le nombre respectif des Opinants. Ceux-là, qu'on appelle *Énumérateurs* (Tellers), viennent dire le nombre à l'Orateur, qui en fait la déclaration à l'Assemblée.

Tous les membres présents obligés de voter.

Tous les Membres qui se trouvent dans la Chambre, lorsqu'elle se partage, sont obligés de voter; et il n'est permis à personne de rester neutre, ou de se retirer.

De l'orateur: cas où sa voix est prépondérante: cas où il peut parler dans un débat. Raison pour laquelle il n'est jamais obligé de voter.

L'Orateur n'a pas droit de voter, à moins qu'il n'y ait égalité de voix, et alors sa voix devient prépondérante, et décide : il ne peut même jamais parler dans un débat, si ce n'est lorsqu'il s'agit d'expliquer l'ordre ou le mode de procéder dans l'affaire en délibération. Dans ce cas, il se borne à exposer quel est l'Ordre de la Chambre, quelles sont les manières de procéder; mais il ne permet aucune espèce de discussion. Cependant si la Chambre est formée en Comité, l'Orateur a droit non-seulement de parler dans le débat, mais de voter sur la motion. C'est cependant ce qu'il fait rarement; mais il se retire alors à sa place, ce que seul il a le droit de faire en cas de division. La raison pour laquelle l'Orateur ne peut voter dans certains cas, et peut refuser de voter dans tous, c'est probablement afin qu'il n'ait point de motif de se joindre à aucun parti, et qu'il puisse conserver la plus stricte impartialité.

De l'orateur de la chambre des pairs: pourquoi il peut parler et voter, et pourquoi sa voix n'est pas prépondérante.

Dans la Chambre des Pairs, où l'Orateur est communément un des Ministres du Roi, puisque cette fonction est attribuée au Lord Chancelier, ou au Lord Garde du grand Sceau, si cet emploi est alors rempli, et qu'il est par conséquent toujours connu pour appartenir à un parti (celui du Ministère), il a droit de parler et de voter sur chaque question, pourvu qu'il soit du nombre des Pairs (ce qui est ordinairement, quoique pas nécessairement); et si, dans le calcul des voix, il y a égalité de suffrages, la motion n'étant pas admise, elle est censée nécessairement rejetée.

Droit de chaque membre relativement à ce qu'on appelle un ordre permanent.

Lorsque la Chambre a pris une résolution générale, relativement à sa manière de procéder, ce qu'on appelle *Ordre permanent*, chaque Membre a, dans tous les temps, le droit individuel de faire exécuter cet Ordre, sans faire aucune motion, ni prendre l'opinion de la Chambre à ce sujet.

Ordre permanent sur le minimum de membres requis pour former la Chambre.

Ainsi, c'est une loi dans la Chambre qu'on ne puisse procéder à aucune affaire, s'il s'y trouve moins de quarante Membres présents. La Chambre doit s'ajourner à l'instant; et, d'après cette règle, l'Orateur, sans la présidence duquel rien ne peut commencer, ne doit laisser entamer d'affaire qu'il n'ait été compté quarante Membres dans la Chambre. Cependant si la diminution au-dessous de quarante n'arrive que dans le cours des opérations, les affaires peuvent se continuer, et se continuent souvent, du moins quand elles ne sont pas importantes; mais si quelque Membre désire que l'Assemblée soit comptée, il faut procéder nécessairement à ce calcul, et si l'on trouve que le nombre des Membres présents est au-dessous de quarante, la Chambre doit s'ajourner à l'instant.

Ordre permanent pour exclure les étrangers : cas où il est mis en exécution.

C'est encore un Ordre permanent que, durant les débats, il ne se trouve aucun étranger dans la Chambre; cependant cette loi est rarement observée, mais chaque Membre peut seul, et dans tous les temps, insister sur l'exécution rigoureuse de cette loi, et aussitôt tous les étrangers doivent être renvoyés de l'Assemblée, sans que la Chambre soit obligée de prendre une résolution à cet égard. Cependant on ne les fait guère retirer, si ce n'est lorsque l'un d'eux s'est permis de battre des mains, de siffler, ou de faire quelqu'autre bruit tendant à interrompre les opérations de la Chambre.

Divers moyens employés par

Quoique la Chambre des Communes ne soit, à la considérer théoriquement, qu'un Corps les communes pour influer sur le pouvoir exécutif, tels que :

Législatif (ou plutôt une partie du Corps Législatif), cependant divers moyens lui donnent de l'influence sur le Pouvoir Exécutif ; par exemple :

Refus d'accorder de l'argent pour des objets particuliers.

1.° Le refus d'accorder de l'argent pour un objet que les Communes désapprouvent, comme pour des fortifications, des vaisseaux, ou des troupes.

Refus d'autoriser l'armée.

2.° Le refus d'autoriser l'armée, parce qu'il est illégal de tenir des troupes sur pied en temps de paix, sans le consentement du Parlement, ou de faire le fonds annuel pour leur entretien. Ces deux objets forment ordinairement partie d'un même acte, qui se nomme *l'acte contre la mutinerie*, et qui n'est jamais passé pour un terme plus long que celui d'une année ; et, en conséquence, si cet acte contre la mutinerie n'étoit pas renouvelé, chaque soldat pourroit déserter impunément.

Refus conditionnel d'accorder des subsides.

3.° Le refus d'accorder des subsides, ou dans quelque cas particulier, ou jusqu'à ce que le Roi ait changé de conduite sur quelque point désagréable à la Chambre ; chose qui est sentie, mais qui n'est jamais exprimée dans aucun vote.

Résolution prise par la

4.° En prenant une résolution qui blâme ce qui a été fait, ou établit ce qu'on auroit dû faire, laquelle résolution la Chambre communique quelquefois au Roi par une adresse, ou en chargeant ceux des Membres de la Chambre qui sont Conseillers privés, d'en rendre compte à Sa Majesté. Chambre et adressée au roi.

La Chambre a quelquefois voté simplement qu'elle n'avoit aucune confiance dans les Ministres du Roi. Deux exemples dans le cas où la Chambre n'a pas confiance dans les ministres.

Dans d'autres temps, elle a été plus loin; elle a demandé au Roi, par une adresse, de changer ses Ministres.

Le Roi n'est certainement pas obligé de se rendre à aucune adresse de la Chambre; mais s'il s'y refusoit, de deux choses la Chambre en feroit probablement une: Cas où le roi refuse de se rendre aux adresses; responsabilité des ministres.

Ou elle accuseroit les Ministres (1) devant la Chambre des Pairs, soit pour avoir conseillé ce refus au Roi, soit pour quelqu'autre partie de leur conduite; car c'est une maxime de la Constitution Angloise: *que le Roi ne peut faire mal.* A peine est-il un seul acte émané du Roi, dont l'un ou l'autre de ses Ministres ne soit responsable, parce qu'on suppose toujours en fait, comme en théorie, que le Roi ne peut avoir tort, et, en conséquence, les

(1) C'est ce qu'on nomme *impeachment.*

auteurs du mal fait en son nom en sont responsables dans leur liberté, leur fortune ou leur vie.

Refus des subsides. Comment il faut envisager une dissolution du parlement.

Ou, sur ce refus, la Chambre arrêteroit toute la marche du Gouvernement, en n'accordant aucun subside. Dans ce cas, il faut que le Roi se soumette à changer ses Ministres, ou dissolve le Parlement, ce qui est, dans le fait, *un appel au peuple;* et en conséquence, selon que le peuple auroit approuvé ou désapprouvé la conduite de ses précédents Représentants, ou des Ministres du Roi, la nouvelle Chambre des Communes suivroit la conduite de ses prédécesseurs, ou elle en prendroit une contraire.

Cette dissolution ne met pas fin à une action intentée contre un ministre.

Cependant la dissolution du Parlement ne met pas fin à l'accusation intentée contre un Ministre; cela fut décidé formellement sous le règne de Charles II, à l'occasion de l'action fameuse intentée contre son Ministre le Comte de Denbigh, depuis Duc de Leeds.

Le roi n'a aucun moyen de s'y opposer.

Le Roi ne peut, en aucune manière, empêcher la Chambre de poursuivre une accusation jusqu'au jugement définitif. Mais il a certainement ensuite le droit de pardonner.

Des priviléges des membres du par-

Les priviléges des Membres du Parlement consistent dans la sécurité de ne pouvoir être arrêté pour cause civile pendant la session, ni 40 jours avant ou après la prorogation; ce qui, dans le fait, s'étend à tout le temps de l'existence du Parlement, parce que le Parlement n'est jamais prorogé pour plus de 80 jours de suite.

lement, l'un de ne pouvoir être arrêté pour cause civile.

Ils consistent encore dans la liberté des débats; un Membre du Parlement ne peut être responsable, dans aucune Cour du Royaume, ni de quelque manière que ce soit, hors du Parlement, pour ce qu'il a dit ou fait en Parlement, pas même lorsqu'il y auroit des raisons très-justes pour le poursuivre. Cette prérogative est regardée comme d'une telle importance, qu'on en fit un article du bill des droits (1), et qu'à l'ouverture de chaque nouveau Parlement, ces priviléges sont expressément réclamés, en présence du Roi, par l'Orateur.

L'autre de n'être responsable au parlement que de tout ce qu'ils ont dit ou fait en parlement.

Chaque Membre cependant peut être puni par la Chambre dans laquelle il a dit quelque chose de répréhensible, et cette punition peut être une réprimande, l'emprisonnement (2),

Jurisdiction de la Chambre sur ses membres.

(1) Bill of Bights.

(2) Une personne emprisonnée par ordre de la Chambre ne peut être retenue que pendant que la Chambre est assemblée. Au moment où le Parlement est prorogé, cette personne peut se faire mettre en liberté par une requête.

ou même l'expulsion ; mais encore la Chambre ne peut-elle punir aucun de ses Membres pour ce qu'il a dit, à moins que ses paroles ne soient relevées et reprochées au moment même.

Jalousie de la Chambre des communes pour son indépendance.

La Chambre de Communes est si jalouse de son indépendance non-seulement envers le Roi, mais encore relativement à la Chambre des Pairs, qu'elle ne permet jamais ni à l'un ni à l'autre de prendre connoissance d'un bill ou de tout autre objet qui est devant elle, ni des votes qui ont été donnés, ou des discours qui ont été prononcés par quelqu'un de ses Membres ; elle regarde l'action d'en prendre connoissance comme une violation de ses privilèges.

Comment cette jalousie se manifeste à l'ouverture de la session.

C'est par la même jalousie de son indépendance que, lorsqu'à l'ouverture de la session, le Roi a fait un discours aux deux Chambres du Parlement, celle des Communes, en rentrant dans sa chambre, s'occupe régulièrement et constamment de quelqu'affaire, comme de lire un bill, avant de prendre le discours du Roi en considération.

Fureur des communes contre Charles Premier et pourquoi.

De toutes les actions imprudentes de Charles I.$^{er}$, aucune n'excita plus de fureur dans le parti populaire que celle d'entrer en personne dans la Chambre, pour faire arrêter cinq des Membres dont la conduite dans le Parlement l'avoit offensé.

Le Parlement étant un Parlement complet, c'est-à-dire composé des trois branches de la législature, ne peut agir qu'en statuant des Lois : mais chacune des Chambres peut faire et fait souvent plusieurs autres opérations qui lui sont particulières : le Roi, les Pairs et les Communes concourent fréquemment au même acte, qui, cependant n'ayant de caractère que celui de l'opération d'un corps particulier, ne sauroit être un acte du Parlement.

Définition du parlement ou du corps législatif, actes faits par les trois branches qui ne sont pas des actes du parlement.

C'est ainsi que dans une action intentée sur un délit public, action connue sous le nom d'*Impeachment*, les Communes sont l'Accusateur, les Pairs sont les Juges, et le Roi, comme Magistrat revêtu du pouvoir exécutif, exécute la sentence ou fait grâce.

Ainsi la réponse du Roi à une adresse des deux Chambres, ou de l'une des deux, est toujours donnée dans sa qualité de Magistrat du pouvoir exécutif, et non-pas dans celle de l'un des Membres du Corps législatif.

Chaque Chambre de Parlement agit souvent en particulier, soit en intervenant dans les affaires qui forment le ressort du pouvoir exécutif, soit en procédant comme tribunal judiciaire.

Acte particulier de chaque chambre.

Comment une chambre intervient dans le pouvoir exécutif.

Lorsque la Chambre intervient dans quelque affaire qui est du ressort du pouvoir exécutif, elle le fait ou en prenant simplement une résolution (1), ou en portant une adresse, une représentation, ou une remontrance au Roi.

Des résolutions destinées à servir de bases à des résolutions ultérieures.

Cependant chacune des Chambres vote quelquefois des résolutions qui doivent simplement servir de bases aux opérations ultérieures, tels qu'un bill à proposer ou une adresse au Roi, ou un *impeachement*.

Du développement de la série des résolutions.

Quelquefois aussi on prend des résolutions dans le seul but d'en faire la base de résolutions subséquentes, comme lorsqu'un Membre de l'Assemblée demande que la Chambre décide sur une proposition générale ou abstraite, de laquelle il projette de déduire dans une résolution suivante, quelque conséquence applicable à la mesure qu'il a en vue. Dans ces sortes de cas, on s'attend, et c'est l'usage, qu'avant de proposer la première résolution qu'il veut faire prendre, l'auteur développera toutes les résolutions subséquentes, qu'il pro-

---

(1) Quand une *proposition* est faite à la Chambre par quelque Membre, elle est appelée *motion ;* mais quand elle est adoptée, elle devient *résolution de la Chambre.*

jette de proposer; autrement il pourroit arriver que la Chambre prît une résolution qui seroit ou inutile, et dont il ne pourroit être déduit aucune conséquence, ou tendante à prendre une mesure qui n'étoit pas dans l'intention de l'Assemblée.

Mais chaque Membre prend aussi quelquefois des résolutions qui ne sont pas destinées à servir de base à des opérations ultérieures, comme par exemple, lorsque la Chambre prend la résolution déclaratoire de ce qu'elle estime être loi dans quelque cas particulier.

Résolutions déclaratoires.

Le but seul de ces résolutions déclaratoires semble être de jeter une censure indirecte sur quelque mesure particulière, ou sur des individus sans les désigner, ou de prévenir telles mesures que la Chambre croiroit avoir été prises en violation d'une loi exprimée dans la résolution : car des résolutions pareilles ne sont pas reconnues comme suffisantes pour déterminer ce qu'est la loi, et les cours de justice ne les respectent aucunement. En effet chaque Chambre auroit par elle-même un pouvoir législatif, si ce qu'elle déclare faire loi, devoit être regardé comme tel.

Leur but : n'ont point d'effet législatif et pourquoi ?

Cependant toutes les résolutions qui regardent la loi des élections, les priviléges des

Cas où ces résolutions

déclaratoires ont force de loi.

Membres, la manière de procéder dans la Chambre, quand elles ne sont pas contraires à la loi commune, sont regardées comme obligatoires, et faisant partie des lois du royaume.

Remercimens votés par les Chambres.

Les Chambres du Parlement prennent souvent la résolution de faire des remerciments à des particuliers pour des services éclatants rendus à la patrie. Ainsi pendant la dernière guerre, chaque Chambre vota des remerciments au Général Elliot pour la manière dont il avoit défendu Gibraltar; et dans des occasions extraordinaires elles ont décidé de faire des remerciments, non-seulement aux Commandants en chef, mais à tous les Capitaines d'une flotte, et quelquefois à tous les Matelots et Marins. Cet événement est arrivé pendant la dernière guerre.

Quelquefois aussi les Chambres ont voté des remerciments pour des services moins brillants, quoique non moins importants, comme par exemple, lorsque les Communes ont décrété un remerciment à M.[r] Howard, pour les recherches intéressantes qu'il a faites sur l'état des prisons.

Forme dans laquelle ces remerciments sont transmis.

Les remerciments de cette nature sont transmis par l'Orateur, qui est toujours l'organe du vœu de la Chambre. Si celui auquel le remerciment est décerné, est Membre de la Chambre, et qu'il ne soit pas absent, l'Orateur lui présente le vœu de l'Assemblée, pendant qu'il est à sa place. S'il n'est pas Membre de l'Assemblée, ou qu'il se trouve hors du pays, l'Orateur lui fait passer les remerciments par une lettre. Quand les remerciments s'adressent à tous les matelots d'une flotte, on les transmet alors à tous les Capitaines des différents vaisseaux, afin qu'ils les communiquent à leurs équipages.

Honneurs décernés par les chambres à la mémoire des morts illustres.

Quelquefois les Chambres du Parlement ont décerné des honneurs à la mémoire des morts illustres; ainsi elles ont voté des obsèques publiques pour le Lord Chatam. Ainsi dans la dernière guerre, elles résolurent qu'un monument seroit érigé à la mémoire des Capitaines Bayne, Blair, et Lord Robert Manners, comme *ayant péri glorieusement en combattant pour leur patrie, dans les derniers combats aux Indes occidentales.* Quelquefois les Communes ont fait des adresses à la Couronne pour lui demander de conférer des récompenses, ou des honneurs à des particuliers qui avoient bien mérité de la patrie.

Censure résolue par les chambres.

Quelquefois les Chambres prennent la résolution de censurer la conduite de quelque individu, et quelquefois aussi elles résolvent une censure contre des personnes qui se permettroient dans la suite tel fait formellement articulé par elles. Ainsi, le 4 mars 1782, les Communes votèrent « qu'on regarderoit comme » ennemis du Roi et du pays, tous ceux qui » proposeroient, ou tenteroient d'opérer la » continuation d'une guerre offensive sur le » continent de l'Amérique. »

Moyen d'anéantir une résolution.

Le seul moyen d'anéantir une résolution prise dans l'une des Chambres, est que cette Chambre décide qu'elle sera effacée de ses registres.

Adresse d'une chambre au roi pour l'informer des résolutions qu'elle a prises antérieurement.

Souvent une Chambre présente une adresse au Roi, pour lui recommander quelqu'acte particulier, et quelquefois pour l'informer de l'opinion de la Chambre sur un point quelconque. Cela se fait ordinairement en présentant au Roi, sous la forme d'une adresse, la résolution antérieure que la Chambre a prise. C'est ainsi que, le 27 février 1782, la Chambre des Communes commença par arrêter, « que c'est » l'opinion de la Chambre que la poursuite » d'une guerre offensive sur le continent de » l'Amérique septentrionale, afin de réduire » par la force les colonies révoltées, ne ser- » viroit qu'à affoiblir les efforts de ce pays,

» contre ses ennemis en Europe, et qu'elle » tend dangereusement, dans les circonstances » présentes, à augmenter l'inimitié mutuelle, » si fatale aux intérêts de la Grande-Bretagne » et de l'Amérique, et à faire échouer, en » empêchant une salutaire réconciliation avec » le pays, le désir ardent, si heureusement » exprimé par Sa Majesté, de rétablir les dou» ceurs de la tranquillité publique. » Après cet arrêté, il fut à l'instant proposé et résolu qu'il seroit porté à Sa Majesté une adresse, pour lui représenter très-humblement, *que la poursuite d'une guerre offensive*, etc., toujours en répétant tous les mots de la résolution.

Formes pour présenter ces adresses.

Les formes de présenter des adresses à Sa Majesté ne sont pas toujours les mêmes. Cependant la plus usitée dans la Chambre des Communes, est qu'elles soient présentées par ceux de leurs Membres qui sont du Conseil privé du Roi; et dans la Chambre Haute, par ceux des Pairs qui ont des emplois particuliers dans la maison du Roi: mais quelquefois quand l'adresse touche à un objet de grande importance, elle est présentée par la Chambre entière, comme il arriva dans le cas de l'adresse susmentionnée, qui servit à arrêter la guerre américaine.

Comment les deux chambres se réunissent pour ces adresses.

Quelquefois les deux Chambres se réunissent pour faire une adresse au Roi; et alors elle est présentée soit par un Comité des deux Chambres, nommé pour cet objet (auquel cas les Communes envoient deux fois autant de Membres que les Pairs); ou bien elle est présentée par les deux Chambres en corps. Il est arrivé qu'une adresse des deux Chambres n'a été présentée que par les deux Orateurs; mais les exemples en sont bien rares.

Comment la réponse du roi est transmise, et cas où on lui sauve le besoin d'une réponse.

Les personnes qui présentent l'adresse au Roi, sont chargées de faire à la Chambre rapport de sa réponse; car bien que le Roi ne soit pas obligé de répondre à une adresse de l'une des Chambres, ou de toutes les deux, et qu'il y ait un exemple du Roi Guillaume, lequel ne fit aucune réponse à la Chambre des Communes, qui lui demandoit de faire sortir de son Conseil les Lords Somers, Halifax et le Comte de Portland; cependant c'est la coutume que le Roi fasse une réponse à une adresse: mais quelquefois dans des sujets délicats, sur lesquels le Roi pourroit se trouver embarrassé de faire une réponse, la Chambre peut préférer de n'en pas recevoir, et dans ce cas, elle ne présente aucune adresse, mais elle fait porter ses résolutions sous les yeux du Roi, comme dans l'année 1784. La Chambre ayant arrêté, le 2 février, deux résolutions en ces mots : « que c'est l'opinion de la Chambre, que la » présente situation difficile et critique des » affaires, demande l'effort d'une administra- » tion ferme, étendue, efficace, unie, ayant » des titres à la confiance du public, et telle » qu'elle puisse mettre fin aux divisions mal- » heureuses, et aux désordres de ce pays, et » que c'est l'opinion de cette Chambre que » la continuation du pouvoir des Ministres ac- » tuels, après la résolution de cette Chambre, » est un obstacle à une administration ferme, » efficace, étendue et unie, seule capable de » sauver le pays, » le jour suivant, la Chambre vota « que lesdites résolutions seroient hum- » blement mises devant Sa Majesté par ceux » de ses Membres qui se trouvoient du très- » honorable Conseil privé de Sa Majesté. »

Les Chambres du Parlement se sont quelquefois adressées au Roi par voie de représentations, et quelquefois par voie de remontrances. Ces formes ne diffèrent de celles d'une adresse qu'en ce qu'elles sont moins respectueuses.

Représentations, remontrances.

Les autres actes par lesquels une Chambre intervient dans les affaires du ressort de la puissance exécutive, sont les accusations.

Comment la chambre agit dans les affaires judiciaires, tantôt comme juge, tantôt comme accusateur.

Quant aux affaires judiciaires, la Chambre agit tantôt comme Juge, tantôt comme Accusateur : comme Juge quelquefois en matière civile, mais ce n'est jamais qu'au sujet d'élections contestées, la Chambre ayant toujours regardé comme un principe sacré qu'elle seule a le droit de décider les disputes élevées sur les élections.

Quelquefois dans le criminel, comme lorsqu'elle punit une atteinte portée à ses priviléges par la violation de la liberté des élections, par la détention d'un des Membres de la Chambre pour cause de dettes, etc., ou en punissant les Membres de la Chambre eux-mêmes pour quelqu'irrégularité ; mais quand même elle consisteroit en expressions équivalentes au crime de trahison, elle ne pourroit être du ressort d'aucune autre juridiction.

L'exclusion d'un membre par la chambre ne le rend pas inéligible.

Nous avons déjà dit que les seules punitions que la Chambre puisse employer envers ses Membres, sont l'emprisonnement et l'expulsion ; et ce dernier acte n'empêche pas que le Membre exclu ne soit éligible, ou par ses constituants, ou par d'autres électeurs qui ne croient pas que l'animadversion de la Chambre suffise pour lui refuser leur confiance.

Pouvoir de la chambre

Quant à des personnes qui ne seroient pas

Membres de l'Assemblée des Communes, la Chambre ne peut infliger d'autre punition que l'emprisonnement; et cet emprisonnement ne peut durer que pendant la session du Parlement. Car du moment où l'Assemblée est prorogée, la personne détenue a droit d'être relâchée, et si elle fait valoir en justice son droit *d'habeas corpus*, les Juges doivent donner des ordres pour son élargissement.

sur les personnes qui ne sont pas de ses membres.

Comment la chambre des communes agit dans les *impeachments*.

La Chambre des Communes paroît comme partie accusante dans les *impeachments* parlementaires.

Comment elle fait poursuivre lorsqu'elle ne veut pas se déclarer partie : adresse au roi.

Dans le cas où la Chambre des Communes pense qu'une poursuite devroit être instituée, mais sans que l'importance en soit assez grande pour qu'elle se déclare à ce sujet la partie accusante, elle fait ordinairement au Roi une adresse, à l'effet qu'il ordonne au Procureur-général de la poursuivre. Ainsi, le 15 avril 1779, la Chambre arrêta « qu'une humble adresse seroit présentée à Sa Majesté » pour la prier de vouloir bien donner des » ordres à son Procureur-général de poursuivre George Stratton, Charles Floyer et » George Mackay, Ecuyers, pour avoir ordonné que le Lord George Pigot, leur Gouverneur, Commandant en chef, fût arrêté » et détenu sous une force militaire. »

Cas où elle ordonne au procureur-général d'instituer la poursuite.

Quelquefois la Chambre, de sa propre autorité, sans aucune adresse au Roi, a ordonné au Procureur-général d'instituer une poursuite. C'est ce qui arrive lorsque les Communes jugent cette poursuite nécessaire, mais pensent en même temps que la proposition n'en seroit pas agréable au Roi.

Quatre cas où la chambre des pairs remplit des fonctions judiciaires.

La Chambre des Pairs remplit des fonctions judiciaires, 1.° comme cour d'appel des cours de la chancellerie, du banc du Roi, de la chambre de l'échiquier et de la cour de l'échiquier du côté de l'équité, ainsi que des cours suprêmes de justice en Écosse.

2.° Dans les cas d'atteinte aux priviléges des Pairs.

3.° Dans les jugements des Pairs et des Pairesses, dans les délits capitaux où il y a citation personnelle.

4.° Dans le jugement des *impeachments* poursuivis par la Chambre des Communes.

### *Sur les Comités des Chambres du Parlement.*

Nécessité des comités.

Comme il y a beaucoup d'affaires dans le Parlement qui ne pourroient pas s'expédier dans une Assemblée nombreuse, ou qui absorberoient le temps des Chambres, si elles-mêmes s'en occupoient, telles que la rédaction des adresses, la détermination de certains faits par l'examen des témoins, ou par l'inspection des papiers, souvent la Chambre établit un Comité composé seulement de quelques-uns de ses Membres, pour quelque objet particulier exprimé dans la résolution qui les nomme; comme pour préparer et rédiger une adresse en réponse à un discours du Roi, découvrir des exemples (*précédents*), c'est-à-dire, pour rechercher ce qu'a fait la Chambre dans d'autres circonstances pareilles à celles sur lesquelles il faut prendre une détermination, pour examiner l'état du commerce d'Irlande, pour savoir quelles sont les lois qui sont près d'expirer; pour faire des enquêtes sur la cause de la guerre du *Carnatic*. Il y a ordinairement plusieurs de ces Comités en fonction dans le même temps (1).

Les Comités sont de trois sortes: Trois sortes de comités.

*Les Comités choisis, les Comités ouverts et les Comités secrets.*

---

(1) La direction d'un *impeachment* est toujours conduite par un Comité de la Chambre des Communes: et chaque bill, après avoir été lu deux fois, c'est-à-dire soumis à deux discussions, est référé à un Comité de toute la Chambre.

Du comité choisi.

Un Comité choisi n'est composé que de ceux que la Chambre nomme expressément pour en être Membres.

Du comité ouvert.

Un Comité ouvert est non-seulement composé de ceux que la Chambre nomme pour le former, mais aussi de tous les Membres de la Chambre qui jugent à propos d'y assister lorsqu'il a commencé ses fonctions, et il est toujours exprimé dans l'arrêté qui établit cette espèce de Comité, que tous les Membres de la Chambre qui s'y trouveront y auront voix.

Du comité secret.

Les Comités secrets ont quelquefois pouvoir et quelquefois des ordres de la Chambre, de ne permettre à personne, pas même à d'autres Membres du Parlement, de s'y trouver en qualité de spectateurs de leurs opérations.

Du nombre de personnes dans les comités.

Le nombre des personnes qui doivent composer un Comité n'est pas déterminé; mais dans chaque circonstance la Chambre en nomme autant qu'elle juge convenable d'après la nature et l'importance des matières à examiner, ou des affaires à expédier : cependant, en général, le nombre est de 12 à 24.

Différentes manières de former le comité.

La manière de former ces Comités n'est pas non plus toujours la même. Mais chaque fois la Chambre adopte la méthode qu'elle juge la plus convenable. Il n'y a cependant que deux manières de nommer ces Comités : la première par une motion générale, la seconde par le *ballotage* ou scrutin.

Quelquefois la Chambre arrête que tous les Membres qui formeront le Comité seront nommés l'un après l'autre ; quelquefois aucun n'est désigné en particulier, et il est simplement arrêté « que le Comité sera composé de tous » les Membres de la Chambre qui tiennent au » barreau, ou de tous les Membres qui re» présentent l'Écosse, etc. »

Pouvoirs et fonctions de ces comités.

Les pouvoirs et les fonctions de ces Comités dépendent toujours des instructions particulières et de l'autorité que leur donne la Chambre. Lorsqu'elle nomme un Comité, elle fait toujours un arrêté particulier, par lequel elle décide qu'il aura tel pouvoir, ou que tels ordres ou instructions particulières lui seront donnés. Ainsi, quelquefois il n'est chargé que de dresser le rapport de certains faits, c'est-à-dire, le résultat des témoignages qu'il a recueillis, et quelquefois ces témoignages eux-mêmes dans toute leur étendue : quelquefois il est chargé de rapporter les faits avec des observations générales, ou bien avec des observations relatives à certain objet particulier; quelquefois de faire rapport des opinions des Membres du Comité, et quelquefois de faire de temps à autre des rapports. Quelquefois les Comités sont chargés de s'assembler nonobstant l'ajournement de la Chambre ; quelquefois aussi de siéger où ils jugeront à propos (1) : en général, la Chambre autorise les Comités à faire venir et à examiner les papiers et les personnes qui peuvent leur fournir des éclaircissements.

Instructions ultérieures données aux comités qui changent quelquefois leurs fonctions.

Quoique la Chambre donne toujours des instructions à ses Comités, lorsqu'elle en fait la nomination, elle peut cependant leur donner, et souvent elle leur donne des instructions ultérieures pendant que les Comités sont en fonction. Il arrive même que ces instructions additionnelles changent totalement la nature d'un Comité, et qu'on le charge d'enquêtes bien différentes de celles pour lesquelles il avoit été primitivement établi.

Exemple d'un comité

Ainsi, en 1782, un Comité choisi de la

(1) L'endroit où le Comité siège ordinairement est une salle attenante à la Chambre. Mais il peut devenir nécessaire qu'il remplisse ses fonctions dans un autre local ; par exemple, lorsqu'il doit examiner des papiers volumineux, ou pour d'autres raisons. Ainsi, les Membres du Comité s'assemblent à l'hôtel de la compagnie des Indes, lorsqu'ils sont chargés d'inspecter et d'examiner les registres de cette compagnie.

Chambre des Communes, fut nommé pour prendre en considération l'état de l'administration de la Justice dans les provinces de Bengale, de Bahar et d'Orissa, et pour en faire rapport, en y ajoutant ses propres observations. Quelque temps après, ce Comité reçut de la Chambre une instruction pour considérer comment les possessions Britanniques dans les Indes orientales pourroient être conservées et gouvernées avec la plus parfaite sécurité et le plus grand avantage pour ce pays, et quels étoient les meilleurs moyens de procurer le bonheur des indigènes. dont l'objet fut changé.

Outre les Comités susmentionnés, il y a encore les Comités d'élection; ils sont nommés pour prononcer sur les réclamations de ceux qui prétendent avoir été légitimement élus, quoiqu'ils n'aient pas été déclarés tels. Ces Comités sont particuliers aux Communes, et diffèrent, à plusieurs égards, des autres Comités. La manière de les nommer, les pouvoirs qui leur sont déférés, et leur mode de procéder sont invariablement les mêmes, et ne dépendent pas d'un arrêté particulier de la Chambre. Tout cela est réglé par un acte du Parlement, passé la dixième année du règne du Roi actuel et par deux actes postérieurs. Des comités d'élections; en quoi ils diffèrent de tous les autres.

Principes de leur établissement.

Jusqu'à cette époque de l'an 1770, toutes les élections contestées étoient décidées par un Comité général de toute la Chambre : mais comme on s'aperçut que ces décisons devenoient plutôt des affaires de parti que de vrais résultats judiciaires, on passa un acte pour nommer des Comités d'élection à l'instar des Tribunaux de judicature, semblables, en quelque façon, à celui des jurés, et par le moyen desquels la justice seroit rendue avec impartialité.

Manière dont ils sont formés.

Pour assurer cette impartialité, les Comités d'élection sont choisis d'une manière différente des autres Comités; on tire au sort, et les parties contendantes ont le droit d'effacer les noms d'un certain nombre de ceux sur lesquels le sort tombe, lorsqu'il leur soupçonne de la partialité. La manière d'opérer dans cette occasion est la suivante. Les noms de tous les Membres présents, qui doivent être au nombre de cent, avant que la Chambre puisse procéder à la formation du Comité, sont écrits sur des billets séparés et jetés dans un vase. Ensuite le clerc de la Chambre tire ces noms l'un après l'autre, et les remet à l'Orateur qui en fait lecture à haute voix, jusqu'à ce qu'il y ait quarante-neuf noms de sortis. Ces quarante-neuf noms sont alors écrits, et les listes en sont délivrées à la personne qui réclame contre l'élection, ainsi qu'au Membre de l'Assemblée contre lequel cette réclamation est dirigée. L'un et l'autre effacent alternativement les noms de ceux qu'ils jugent à propos d'exclure, jusqu'à ce que le nombre soit réduit à treize; ensuite chacune des parties nomme un autre Membre de la Chambre pour entrer dans le Comité; ce nouveau Membre s'appelle le nommé (*nominée*) de la personne qui l'a choisi; et ces quinze personnes composent le Comité.

Réflexions sur les *nommés.*

Ce seroit peut-être perfectionner cette espèce de Comité, que d'en retrancher les *nommés*, ou de leur ôter le droit de voter. En effet, des personnes ainsi élues se croient communément obligées de remplir des fonctions qui sont incompatibles, savoir, celles de Juge et d'Avocat. Cela ne sauroit pourtant altérer l'impartialité de la décision, puisqu'il y a un *nommé* de chaque côté, et que la décision appartient à la majorité du Comité.

Formalité particulière à ces comités.

Lorsque les Comités d'élection sont en fonction pour juger, on observe dans leurs opérations diverses formalités qui n'ont pas lieu dans aucun des autres Comités. Chaque Membre fait serment de décider équitablement, et d'après les témoignages; et toutes les dépositions qui leur sont présentées, sont données sous le sceau du serment. Cette loi des serments dérive du statut susmentionné. Car ni la Chambre des Communes, ni conséquemment aucun de ces Comités n'a, de son chef, l'autorité nécessaire pour faire prêter un serment. Il est vrai que la Chambre des Pairs a ce pouvoir; et les témoins examinés à la barre de cette Chambre et pardevant ses Comités, ont toujours dû prêter serment.

Plusieurs de ces comités peuvent siéger en même temps

Un nouveau Comité est choisi pour chaque élection contestée. Il y a quelquefois trois ou quatre Comités d'élection en fonction à-la-fois.

Comité de toute la chambre.

Outre les Comités déjà mentionnés, qui ne sont composés que d'une partie de la Chambre, il y a souvent, dans les deux Chambres, des Comités de la Chambre entière. Ces Comités travaillent toujours dans la Chambre même, tandis que tous les Comités qui ne comprennent qu'une partie de la Chambre, siègent ordinairement dans les diverses salles attenantes à la Chambre, et peuvent, avec sa permission, travailler dans toute autre place.

Forme particulière de la chambre, quand elle se forme en comité : du président.

Dans un Comité de la Chambre, tous les Membres sont assis, et ils opinent comme dans les Assemblées de la Chambre; mais le Comité n'est pas présidé par l'Orateur, qui, au moment où la Chambre se forme en Comité, quitte la chaire, et abandonne la présidence à un Membre choisi par le Comité, qui ne va pas siéger à la place de l'Orateur, mais à la table. Ses fonctions, semblables à celles de l'Orateur, sont de présenter les motions, et de maintenir l'ordre : c'est à lui que ceux qui parlent doivent adresser la parole. La *masse* qui repose toujours sur la table, quand l'Assemblée délibère en Chambre, est placée sous la table quand elle est formée en Comité (1).

Divers avantages des comités de toute la chambre.

Les avantages qui résultent de discuter une matière dans un Comité de toute la Chambre plutôt que dans la Chambre même, sont les suivants : 1.° que dans un Comité chaque Mem-

(1) La masse est toujours portée devant l'Orateur, quand il entre dans la Chambre ou qu'il en sort. Cependant elle n'appartient pas à lui, mais à la Chambre. Aussi, quand elle ne s'y trouve pas, ne peut-on rien faire, si ce n'est de s'ajourner. Quand les messagers de la Chambre des Pairs sont introduits, ou quand un témoin est examiné à la barre de la Chambre, ou qu'un accusé est amené, la masse est portée par le Sergent sur l'épaule; et quand elle est portée ainsi, aucun Membre, excepté l'Orateur, ne doit proférer un mot, ni même faire une motion, ou indiquer une question que l'Orateur puisse adresser au témoin.

bre peut parler aussi souvent qu'il le juge à propos dans le même débat ; 2.° que la question peut être soumise à la discussion, quand ce ne seroit que sur la demande d'un seul Membre : car une motion faite dans un Comité n'a pas besoin d'être secondée ; 3.° que cette forme donne bien des facilités pour la discussion des matières avant qu'elles soient adoptées par la Chambre : en effet, la question peut être débattue sur la proposition que la Chambre se formera en Comité ; sur des motions proposées dans le Comité ; sur cette question, si la Chambre recevra le rapport du Comité ; sur la proposition, si la Chambre adoptera le rapport du Comité : et si à la présentation de cette dernière motion, la Chambre est d'avis que l'objet doit subir une discussion ultérieure, elle renvoie le tout ou la partie du rapport au même Comité, pour y être examinée de nouveau (1). Les avantages qu'il y a d'examiner un objet de

(1) Si, à l'examen du rapport du Comité des subsides, il est jugé expédient d'augmenter la somme accordée, ou la taxe imposée, l'usage uniforme de la Chambre est de renvoyer le rapport au Comité. Cependant, sans le lui renvoyer, la Chambre peut diminuer la somme proposée, et alléger ainsi la charge imposée sur le peuple.

cette manière sont si considérables que, lorsqu'une affaire de grande importance est proposée à l'une des Chambres, c'est la coutume qu'elle se forme en Comité de toute la Chambre, pour la considérer sous ce mode, avant que de passer à aucune résolution.

Exemple d'un comité de toute la chambre pour considérer un bill.

Ainsi, le 28 février 1782, une proposition ayant été faite dans la Chambre des Communes, et la motion ayant eu pour objet, « qu'il » fût permis de présenter un bill qui autorisât » le Monarque à conclure une paix ou une » trève avec les colonies révoltées de l'Amé- » rique septentrionale, » la Chambre arrêta que cette proposition seroit référée à l'examen d'un Comité de toute la Chambre, le 5 mars suivant. En conséquence, ce jour-là la Chambre se forma en Comité pour considérer la proposition, et le même jour, le Président du Comité rapporta à la Chambre que le Comité l'avoit chargé de proposer qu'il *fût permis de présenter un bill.*

Autres exemples.

Ainsi, dans quelques occasions extraordinaires, les Chambres se forment en Comité pour prendre en considération l'état de la Nation, comme il arriva au mois de fevrier 1778, dans la Chambre des Communes durant la dernière guerre, et comme ont fait récemment les deux Chambres pendant la maladie du Roi.

Cas où une motion ne peut être faite que dans un comité de toute la chambre.

En vertu d'une résolution de la Chambre des Communes, aucune motion relative à des subsides, à des taxes, ne peut être faite que dans un Comité de toute la Chambre. Par un autre arrêté de la même Chambre, aucun bill relatif à la religion ou au commerce, ne peut être proposé que la question n'ait été considérée d'abord dans un Comité de toute la Chambre.

Des comités permanents.

Outre les Comités mentionnés ci-dessus, qui ne sont établis qu'accidentellement, et pour des objets particuliers, il y a, pour la Chambre des Communes, des Comités généraux qui sont permanents et nommés au commencement de chaque session, comme les grands Comités pour la religion, le commerce et les cours de justice; les Comités des priviléges, des griefs, des subsides, et *des voies et moyens* (1). Quelques-uns sont des Comités choisis, et quelques autres, particulièrement les deux derniers, sont des Comités de toute la Chambre.

Usage des comités

Quoique des Comités pour la religion, les

---

(1) *Ways and means.* L'équivalent en françois seroit le Comité des ressources : au reste, voyez plus bas.

Cours de justice et les griefs, soient établis régulièrement à chaque session, il arrive cependant rarement qu'ils aient occasion de travailler. Mais sous le règne de Jaques I.er et de Charles I.er, avant que la constitution fût fixée, lorsque l'administration de la justice étoit souvent partiale et corrompue, lorsque la moindre innovation, en fait de religion, étoit regardée comme dangereuse à l'État, lorsque la Couronne exerçoit des pouvoirs dont les Communes disputoient la légalité, ces Comités étoient souvent en fonction, et c'est là que les principes les plus importans de la constitution britannique furent discutés et établis.

pour la religion, les cours de justice et les griefs.

L'usage du Comité des subsides et de celui des *voies et moyens* n'a pas cessé : ils sont, de temps à autre, en fonction durant la plus grande partie de chaque session.

Usage du comité des subsides et celui des voies et moyens.

Les fonctions du Comité des subsides sont d'examiner la quotité des subsides à accorder à la Couronne.

Les fonctions du Comité des voies et moyens sont de trouver des moyens de lever les subsides que la Chambre a accordés, et de déterminer sur quels objets particuliers les taxes seront perçues.

C'est du premier de ces Comités que doivent

sortir toutes les concessions d'argent, et du second toutes les impositions et les taxes.

La chambre des Pairs n'a point de comités pour les subsides et les voies de moyens.

Les Pairs n'ont point de Comités du même genre, parce qu'aucun bill relatif aux subsides ou aux taxes ne peut prendre naissance dans leur Chambre.

Elle ne peut ni entamer ni même amender un bill relatif à des subsides, soit directs, soit indirects.

Il y a plus d'un siècle que les Communes ont constamment soutenu et que les Pairs ont reconnu par la pratique que la Chambre haute non-seulement n'a pas droit d'entamer, mais même qu'elle n'a pas celui d'amender aucun bill passé dans les Communes, et qui, dans la forme de taxes positives ou d'amende pécuniaire, ou sous quelqu'autre forme que ce soit, pourroit être considéré comme une imposition directe ou indirecte sur le peuple.

Mais seulement adopter ou rejeter.

Les Pairs n'ont d'autre alternative que de rejeter entièrement le bill ou de l'adopter sans amendement.

Exception dans les cas d'erreur verbale.

Cependant ce principe n'est pas poussé au point d'empêcher les Pairs de corriger une erreur verbale dans un bill de secours ou de subsides qui leur est envoyé par les Communes.

Précaution des communes et cas pareil.

Mais quand les Pairs ont fait un amendement de cette espèce, les Communes en y acquiesçant, ordonnent que cet amendement soit couché particulièrement sur les registres de la

Chambre, afin qu'on en puisse connoître la nature, et que cet exemple ne tire pas à conséquence.

Dans les bills qui ne tendent pas spécialement à une concession de subsides, mais qui ne laissent pas d'imposer des charges sur le peuple, comme dans ceux pour l'entretien ou la construction des routes et des pavés, au moyen des péages et tarifs; dans ceux qui infligent des amendes, les Pairs peuvent faire des amendements, pourvu cependant que ces amendements ne portent aucune espèce d'atteinte aux tarifs des péages et aux amendes (1).

Autre exception dans les cas d'entretien des routes ou d'amende pécuniaire.

Quand les Comités de subsides et celui des voies et moyens sont formés, et que les résolutions du dernier pour la manière de percevoir l'argent accordé dans le Comité des subsides ont reçu la forme du bill de taxe et ont passé en loi, la Chambre des Communes arrête un bill et les différentes concessions faites dans

Forme particulière des bills de taxes.

(1) Quand les Pairs font quelque changement dans un bill, ce bill est toujours rejeté par les Communes lorsqu'on le leur rapporte; cependant si les Communes pensent que cet amendement est raisonnable, elles proposent ordinairement un nouveau bill semblable au premier, en conservant le changement fait par les Pairs. Le bill passe par les formes ordinaires, et il est renvoyé à la Chambre Haute comme un nouveau bill.

Précaution des Communes en cas pareil

le Comité des voies et moyens de la taxe territoriale, de la taxe sur la dreche, de la taxe pour le fonds d'amortissement, etc., sont récapitulés et classés de manière à être employés aux objets de service dont les fonds ont été accordés dans le Comité des subsides de cette session. Les sommes consenties pour chaque espèce de service sont spécifiées. La somme à payer à l'échiquier, pour les acquitter, est désignée; et il est statué que les subsides ne seront employés à aucun autre objet qu'à ceux mentionnés dans l'acte.

Quand les comités partiels doivent s'assembler et se séparer.

Les Comités qui ne sont composés que d'une partie de la Chambre, doivent s'assembler et travailler avant l'ouverture de la Chambre. En effet, c'est une loi générale dans les Communes, que le sergent d'armes (qui est l'officier de la Chambre) doit, avant que la Chambre ne commence la prière qui précède toujours l'apparition de l'Orateur dans le fauteuil, et par conséquent la formation de la Chambre, donner connoissance à tous les Comités en fonction que la Chambre va prier, et qu'ainsi toutes les opérations des Comités sont finies.

Quand les comités de toute la chambre peuvent

Des Comités de toute la Chambre ne peuvent jamais entrer en fonction que la Chambre ne se soit assemblée régulièrement et n'ait pris une résolution de se former en Comité. Quel que puisse être le travail du Comité, la Chambre doit reprendre son assemblée régulière, et l'Orateur reparoître sur le siége, avant que les Membres se séparent, ne fût-ce que pour ajourner la Chambre.

entrer en fonction et les cesser.

Président des comités: par qui choisis.

Les Comités qui ne sont composés que d'une partie de la Chambre choisissent leur propre Président, ainsi que les Comités de toute la Chambre. Ils sont accompagnés d'un de ses clercs, et tiennent des minutes de leurs opérations.

Manière de procéder dans les comités.

On procède aux affaires dans les Comités, ainsi que dans la Chambre, par la voie des motions et des résolutions.

Leurs opérations ne sont pas enregistrées sur le journal de la chambre.

Mais aucun de leurs procédés, pas même ceux d'un Comité de toute la Chambre, ne sont couchés sur les journaux, à l'exception de leur rapport, lequel lui-même seroit omis, s'il ne consistoit que dans l'exposé des faits ou des témoignages; mais si le rapport ne contient que les résolutions du Comité, et qu'il ait été reçu par la Chambre, il est imprimé dans ses journaux, quand même son résultat n'auroit pas été adopté par la Chambre.

Les rapports en matière de fait,

Des rapports contenant des faits ou l'exposé des témoignages, quoique non imprimés dans

Quoique non enregistrés, sont imprimés séparément en certains cas.

les journaux, ne laissent pas, quand ils concernent des objets importants, d'être imprimés par ordre de la Chambre. A l'usage des Membres, ordinairement ils sont imprimés avant le jour où le rapport doit être pris en considération par la Chambre. Si les informations contenues dans le rapport sont d'une grande importance, et telles qu'elles puissent être utiles pour l'avenir, la Chambre ordonne qu'elles soient imprimées dans la même forme que les journaux ou registres, afin qu'ils soient conservés, comme il arriva pour tous les rapports des Comités sur les affaires de l'Inde.

Ajournement des comités partiels.

Des Comités qui ne sont composés que d'une partie de la Chambre, s'ajournent de temps en temps, jusqu'à ce qu'ils aient préparé un rapport. Mais un Comité de toute la Chambre ne peut se séparer sans faire quelque rapport à l'Assemblée. Ainsi la manière dont ce Comité prend son ajournement est la suivante. Le Président rapporte à la Chambre que le Comité a fait quelque progrès dans son travail, et demande à le continuer. Si le Comité de la Chambre entière se sépare sans faire un rapport quelconque à la Chambre, le Comité est fermé. Il est aussi d'usage que les Membres qui pensent que le Comité ne doit pas continuer ses opé-

Ajournement des comités de toute la chambre.

rations, fassent une motion, pour que le Président quitte sa place.

Le rapport d'un Comité est toujours présenté à la Chambre par le Président, et par écrit. Voici la manière de faire cette présentation. Le Président se place à la barre de la Chambre, son rapport à la main : l'Orateur le voyant, lui demande ce qu'il tient en main, et sur la réponse que c'est un rapport, l'Orateur demande à la Chambre si elle juge bon que le rapport soit présenté, et cette motion passant à l'affirmative, l'Orateur enjoint au Président d'apporter le rapport ; ce qui se fait. Le rapport est mis sur table, et un jour est fixé pour le prendre en considération.

Manière de présenter le rapport d'un comité à la chambre.

FIN DU TOME I.

Printed in Dunstable, United Kingdom

91219909R00228